Joachim Hemmann
Richard Kerler
›Consul‹ H. H. Weyer

Schwarz-rot-goldene

Titelträger

Ein indiskretes Handbuch
für die große Karriere

Bei Schneekluth

Die Angaben in diesem Buch
erfolgen im Sinne des Vorworts.
Ähnlichkeiten mit Begebenheiten und Personen
sind rein zufällig.
Preisangaben nach dem letzten Stand.
Ergänzend gilt das Gesetz von Angebot und Nachfrage.
Verantwortlich für Informationen,
Dokumente und Bilder: ›Consul‹ H. H. Weyer.
Text: J. Hemmann und R. Kerler.

ISBN 3 7951 0214 6
© 1971 by Franz Schneekluth Verlag KG, München
Gesamtherstellung Mohndruck Reinhard Mohn OHG, Gütersloh
Printed in Germany 1971

Zu diesem Buch

Die Justiz ist überlastet: Personalmangel. Neue Gesetze. Langwierige Untersuchungen. Sagt der Richterbund. Wir wollten nicht die Aktenberge in den Amtsstuben der deutschen Staatsanwälte noch höher wachsen lassen. Der Anwalt des Verlages, einer der Rechtsanwälte des Schönen Consuls und er selbst als Informant rieten zur Verfremdung von Namen, Adressen und wichtigen Dokumenten. Wir haben seinen Rat befolgt. Der Stoff ist zu brisant. Hinweise auf die Identität prominenter Beteiligter sind sorgfältig vermieden worden. Die Retusche bezieht sich jedoch nur auf Namen, Branchen und Orte. Nicht auf die Begebenheiten. Sie sind echt. Spiegelbilder der deutschen Gesellschaft, Abteilung Titel- und Würdenträger. Echt sind auch die Paßbilder auf den Seiten ... und ... Deutschlands erste Galerie von Bewerbern und Trägern käuflicher Titel. Gleichzeitig Akteure dieses Buches. Nicht vollständig, aber repräsentativ. Auch hier wollten wir Ärger vermeiden. Viele Beteiligte sind Millionäre. Jeder von ihnen hat seinen Anwalt. Zur Verhinderung von Imageschäden. Wenn clevere Leser mit guter Kombinationsgabe trotzdem die eine oder andere schillernde Figur im deutschen Gesellschaftskarussell erkennt, werden sich die Betroffenen wohl damit abfinden müssen. Jeder, der in der Öffentlichkeit steht, geht auch das Risiko öffentlicher Kritik ein. Keiner weiß das besser als unser Informant, und er richtet sich danach. Niemand kann es jedoch übelnehmen, die Praktiken und Preise im Titel- und Ordensgeschäft preiszugeben. Nicht um der Sensation willen, sondern um ein bisher im Dunkeln gebliebenes Symptom unserer Gesellschaft zu beleuchten. Wer zwischen den Zeilen zu lesen versteht, wird erkennen: Unsere gesellschaftlichen Praktiken zwingen oft auch starke Persönlichkeiten in den Glauben, daß es ohne Titel nicht geht.

Quod erat demonstrandum.

Die Autoren

Bildquellen:
Heidemann, Seiten 35, 36, 85, 103, 104, 122, 139, 140, 175, 176; Hofer, Seiten 201, 204; Prange, Seite 17; Fritz, Seite 158; Spill Seite 157

Inhalt

ERSTES BUCH

Doktortitel

Zahnärzte

oder
Wie sich durch einen Doktortitel
ein Bohrer vergolden läßt

Zahnarzt Ullrich K. (44) sitzt am schleiflackweißen Schreibtisch seines neuen Behandlungszimmers und blättert gereizt in Papieren.

Die Sprechstunde ist längst vorüber.

Seine Familie wartet schon über eine Stunde mit dem Abendessen, aber nach häuslicher Idylle ist ihm nicht zumute, bevor er nicht einen Ausweg aus dieser unangenehmen Sache gefunden hat.

Die unangenehme Sache liegt vor ihm auf dem Schreibtisch. Sie trägt den Briefkopf der Bezirkszahnärztekammer.

Ullrich K. liest nun schon zum zehntenmal:

Sehr geehrter Herr Kollege!

Wir kommen auf die seinerzeitige Korrespondenz wegen Führens eines amerikanischen Doktortitels zurück. Der Vorstand greift die Sache nach eingehender Beratung neu auf und macht Sie darauf aufmerksam, daß Sie ausweislich des vorgelegten Diploms den Grad eines »Doctor of Psychology« (PsD) erhalten haben.

Diesen Titel mögen Sie im Hinblick auf den derzeitigen Status auch ohne Anerkennung führen, aber nur in der im Diplom niedergelegten Schreibweise »Doctor of Psychology« oder abgekürzt »PsD«.

Bei der von Ihnen verwendeten Schreibweise (Zahnarzt Dr. Ullrich K.) entsteht der Eindruck, Sie hätten an einer deutschen Universität zu den dort üblichen Bedingungen promoviert, wogegen sich das Institut, das Ihnen das Diplom gegeben hat, mit der Teilnahme an zwei Kursen von etwa 30 Stunden begnügt.

Wir müssen Sie deshalb auffordern, in Zukunft zu unterlassen, eine andere als in Ihrem Diplom bescheinigte Bezeichnung zu führen und uns dies zu bestätigen.

Mit kollegialer Hochachtung!

. . . .

Wütend malt er kleine Männchen auf das Blatt, die dem ihm bekannten unterzeichnenden Vorsitzenden ähnlich sehen und einen »Dr.« auf dem kugelrunden Bauch tragen. Das könnte das Ende einer Karriere sein, die er nach eigener Meinung so clever aufgebaut hatte . . .

Mit 16 Jahren beschloß der Obersekundaner Ullrich K., auf Abitur und Studium zu verzichten und Dentist zu werden. Er legte die Eignungsprüfung vor dem Dentistenverband ab und absolvierte ein dreijähriges Praktikum, neben dem er die Berufsfachschule besuchte. Danach mußte er die technische Dentisten-Assistenten-Prüfung ablegen. Dazu kamen noch 2 Jahre technische Dentisten-Assistenten-Tätigkeit, 2 Jahre Lehrinstitut für Dentisten und ein Assistentenjahr. Dann erhielt er die staatliche Anerkennung als Dentist. Mit Hilfe seiner Familie eröffnete er in den Räumen seines Elternhauses, in einem Villenvorort mit überdurchschnittlich zahlungsfähigen Bewohnern, eine Praxis. Er war stolz darauf, schon in jungen Jahren eine so vornehme Klientel von Privatpatienten zu besitzen. Aber diese Freude dauerte nicht viel länger als ein Jahr. Es stellte sich heraus, daß die reichen und feinen

Leute für Zahnarztrechnungen offensichtlich nur den Papierkorb kannten. Nur wenige zahlten nach einem halben Jahr freiwillig. Die meisten warteten, bis die Mahnungen durch einen Zahlungsbefehl ersetzt wurden. Die Drohung mit dem Gerichtsvollzieher stimmte sie natürlich böse. Man geht nicht zu einem Dentisten, mit dem es solchen Ärger gibt. Wieso überhaupt zu einem Dentisten?

Schließlich gibt es genug akademisch gebildete Zahnärzte, die gute Patienten zu schätzen wissen und sie nicht mit Zahlungsbefehlen vergraulen.

Ullrich K. zog aus diesen Erfahrungen sehr lebensnahe Konsequenzen und verlegte seine Praxis in eine Geschäftsstraße. Geschäftsleute brauchen auch Gebisse und sind an pünktlicheres Zahlen gewöhnt, und bei den Kassenpatienten weiß man dagegen genau, wann die Abrechnungen fällig werden. Nachdem er sich ausgerechnet hatte, daß in der Umgebung mindestens 1 900 000 Zähne angesiedelt sind, störte es ihn auch nicht, das Gebiet mit zwei Kollegen teilen zu müssen.

Sein Vertrauen in die bessere Zahlungsmoral der kleinen Leute wurde nicht enttäuscht, mit allgemein wachsender Prosperität wuchs seine Praxis. Das gute Leben und die Abneigung gegen Zahnbürstengebrauch kamen ihm zugute.

Aber wie das so geht: Mit dem ebenso anwachsenden Bankkonto, der Familiengründung und dem gepflegten Lebensstandard wurde der Wunsch nach ständischer Reputation immer größer und drängender. Ullrich K. begann darunter zu leiden, ein »Neger« unter den Gebißkünstlern zu sein, ein Dentist und kein akademischer Zahnarzt.

Da kam ihm ein neues Gesetz zustatten, das die peinliche Berufsbezeichnung abschaffte und Dentisten nach Ablegen eines Kurses zu Zahnärzten bestellte. Für 25 Mark Gebühren wurde Ullrich K. 1952 ein alter Traum erfüllt.

Es war für ihn ein Meilenstein.

Alles wäre gutgegangen, wenn die drei verzahnarzteten Dentisten dieses Stadtteils nicht durch den Zuzug eines akademischen Neulings aufgeschreckt worden wären, der sich auf seinem Praxisschild als Dr. med. et Dr. med. dent. empfehlen konnte. Zwei Doktorgrade gegen drei schlichte Namen konnten natürlich nicht ohne Folgen bleiben, der Neue entwickelte sich nach kurzer Zeit zum Star des Bezirks. Trotz allem hätten die vier Zahnärzte ihr gutes Auskommen gehabt. Aber es ging ja nicht nur um Geld, sondern nicht zuletzt um die berufliche Reputation. Ullrich K. war bisher stets darüber hinweggegangen, wenn ihn Patienten respektvoll mit »Herr Doktor« angesprochen hatten. Eine Redensart, zu der ein weißer Kittel in Deutschland schon immer provoziert hat. Aber jetzt, angesichts des doppelpromovierten Kollegen, wurde ihm erst bewußt, was ihm zum rechten ständischen Ansehen fehlte.

Die Doktor-Anrede wurde von nun an zum Ärgernis. Ein paar dutzendmal verbat er sich das. Als er aber die erstaunten Gesichter seiner Patienten sah, gab er es auf und kniff nach solcher Ansprache nur noch die Lippen zusammen. Es freute ihn nicht mehr, von einem Dentisten zum Zahnarzt befördert zu sein. Es ärgerte und beschämte ihn, daß der gedankenlos angewandte Doktortitel vor seinem Selbstbewußtsein wie eine Hochstapelei wirkte. Lange ging er mit dem Gedanken um, in Abendkursen das Abitur nachzumachen, um die akademische Würde noch zu erlangen. Selbst um das Opfer jahrelangen Studiums. Aber der Gedanke scheiterte neben den praktischen Problemen schon an der Bestimmung, daß Studenten in den meisten Fällen die Immatrikulation verweigert wird, wenn sie im Hauptberuf erwerbstätig sind. Dieser Grundsatz wird auch für ehemalige Dentisten nicht durchbrochen, und so liefen diese Pläne ins Leere.

Aus Ullrich K. wurde in den folgenden Jahren ein unzufriedener Mensch. Die Familie und sogar die Patienten bekamen es zu spüren.

Das blieb nicht ohne Auswirkungen, denn wer mag schon zu einem mürrischen Zahnarzt gehen. Urteilsblind machte er den fehlenden akademischen Grad für die immer weniger werdenden Patienten verantwortlich, bestätigt von Kollegen, die ähnlich dachten. Dieses Trauma ist eine zwar meist geleugnete, aber doch grassierende Berufskrankheit der ehemaligen Dentisten.

Aber ein dynamischer Typ wie Ullrich K. findet sich mit solchen Erkenntnissen nicht ab. Es bedarf nur eines kleinen Anstoßes, um die zeitweise verdrängten Wünsche wieder zu wecken.

Dieser Anstoß kam.

Er mußte kommen, denn es gibt Leute und Institutionen, die hier eine Marktlücke erkannt hatten. Durch einen Kollegen erfuhr er von ungeahnten Möglichkeiten der Doktortitel-Verleihung in den USA. Er ging der Sache nach, und über den Umweg eines amerikanischen Colleges versprach ihm ein geschäftstüchtiger Titelhändler den Doktortitel im Schnellverfahren. So etwas geht natürlich nicht ohne Kosten, aber sie waren bescheiden, gemessen am Effekt der in Aussicht gestellten Würde. 200 Dollar standen zur Debatte.

Schon nach kurzer Zeit bekam er einen Brief, dessen Kopfdruck ebensogut für eine traditionsbetonte Whiskybrennerei werben könnte. Absender war aber »The College of Divine Metaphysics« in Indianapolis, dessen ehrenwerter Präsident ihn bereits als »Dear Dr. K.« titulierte.

Nichts war danach leichter, als auf dem Weg über

»Correspondence Courses Only« Doctor of Psychology zu werden.

Zu werden?

Er war es schon geworden.

Mit fröhlicher Unbefangenheit stand da zu lesen: »We wish you success, happiness and well being.«

Und dann kam die Urkunde.

Das Glück schien mit ihr zu Ullrich K. zurückgekehrt zu sein. Er war jetzt Doctor of Psychology.

Das hatte zwar nichts mit Zahnheilkunde zu tun, aber wer fragt schon nach solchen Kleinigkeiten. Doctor ist Doktor, dachte Ullrich K. und schaffte die barocke Urkunde in ein renommiertes Rahmengeschäft. Um peinlichen Fragen aus dem Wege zu gehen, hatte er beschlossen, seine Praxis in eine Nachbarstadt zu verlegen und sich dort als Zahnarzt Dr. Ullrich K. zu etablieren.

Dazu bot sich in einer Gegend Gelegenheit, die vom horizontalen Gewerbe bevorzugt wurde und als besondere Pfründe galt, denn für die Gunstgewerblerinnen steht und fällt der Marktpreis mit ihrem Gebiß. Mit einem verheißungsvollen Lächeln fangen die einträglichen Bettspiele meist an. Da müssen die Zähne stimmen, und für solche Investitionen haben die Damen Erspartes. Glatte Geschäfte sind sicher, denn mit Gericht und Polizei wollen sie nichts zu tun haben. Gebisse für bare Tausender sind dort häufiger als plombierte Zähne. Wenn das dann noch ein richtiger Doktor besorgt, dann weiß man wenigstens, was man für sein Geld hat.

Ullrich K., jetzt Doctor of Psychology, wußte das, und im Sinne seiner neuen Würde sah er seinen Weizen blühen.

Er blühte.

Mit seiner Urkunde im Wartezimmer, die seinen Bohrer zu vergolden versprach.

Bis heute.

Bis zum Eintreffen dieses Briefes von der Bezirkszahnärzte-kammer, der alles zunichte machen kann. Seufzend greift er zum Telefonhörer. Jetzt kann nur ein gewiegter Rechts-anwalt helfen ...

Rechtsanwalt R. macht eine bedenkliche Miene. »Aber Herr K., Sie mußten doch wissen, daß Sie zum Tragen eines ausländischen akademischen Titels nur berechtigt sind, wenn Sie die Urkunde zur Anerkennung beim Kultus-ministerium vorlegen und die Zustimmung von dort aus-gesprochen wird!«

Zahnarzt K. machte eine ärgerliche Handbewegung. »Ich habe es nicht gewußt. Dann müssen wir das eben nach-holen.«

Ein amüsiert-mitleidiger Blick des Anwalts.

»So wird es nicht gehen. Sie sind nicht der erste Ihres Me-tiers, der auf dieses College hereingefallen ist. Das Kultus-ministerium wird keine Anerkennung aussprechen, die Sie zur Namensführung ›Zahnarzt Dr. K.‹ berechtigt. Das ge-schieht nur, wenn Sie eine in- oder ausländische Universi-tät mit vollem akademischen Status zum Ehrendoktor er-nennt. Oder wenn Sie irgendwo tatsächlich studiert und promoviert haben.«

»Aber selbst die Kammer erlaubt mir doch, mich ›Doctor of Psychology‹ zu nennen!«

»Sie erlaubt es nicht, sie kann es nicht verhindern. Das ist ein feiner Unterschied. Und so sieht es auch das Ministe-rium.«

Der Zahnarzt springt auf.

»Dann ist die ganze Geschichte ein aufgelegter Schwindel, auf den ich hereingefallen bin!«

»Auch das ist nicht richtig. In den Vereinigten Staaten

liegen die Bestimmungen anders, und das amerikanische Generalkonsulat hat mir bereits in einem ähnlichen Fall bestätigt, daß in dieser Beziehung alles in Ordnung ist.«

Er sucht den Brief aus seiner Mappe.

»Hier steht:

›Den uns zur Verfügung stehenden Unterlagen entnehmen wir, daß das »College of Divine Metaphysics«, Indianapolis, USA, ein religiöser Verein ist, von der »Church of Divine Metaphysics« im Jahre 1918 gegründet wurde und von dem Staat Indiana in den Vereinigten Staaten die vollen legislativen Rechte besitzt, folgende religiöse Titel an seine Studenten zu verleihen: Ps.D. (Doctor of Psychology), Ms.D. (Doctor of Metaphysics) und D.D. (Doctor of Divinety).‹

Das heißt also, diese Titel werden zu Recht verliehen, aber nach unseren Gesetzen können sie in der Bundesrepublik nur im vollen Originalwortlaut und in den Originalabkürzungen gebraucht werden. Man kann sie nicht etwa ins Deutsche übertragen oder sich verkürzt ›Doktor‹ nennen.«

Zahnarzt K. ist verzweifelt.

»Ich möchte nur wissen, wem ich das verdanke! Irgend jemand muß doch die Kammer informiert haben...«

Rechtsanwalt R. nickt freundlich.

»Natürlich die lieben Kollegen, und die haben in der Sache ja noch nicht einmal unrecht! Ich wundere mich in diesen Fällen nur immer wieder, daß die Käufer solcher Titel nicht vorher genau klären, was sie sich da einhandeln.«

Zahnarzt K. trommelt nervös mit den Fingern auf dem Tisch herum und hört nur mit halbem Ohr zu. Ihn beherrscht der Gedanke, wie er die Blamage verhindern kann.

»Und was raten Sie mir jetzt?«

»Spielen Sie doch die ganze Sache herunter. Ändern Sie

Ihre Sprechstundenzeiten. Das ist ein Grund, die Praxistafel am Haus auszutauschen. Bei der Gelegenheit lassen Sie den ›Zahnarzt Dr. K.‹ verschwinden und schreiben statt dessen ›Zahnarzt Ullrich K.‹, darunter kleiner den Zusatz ›Doctor of Psychology‹. Wer kennt schon die Unterschiede.«

»Das ist für mich keine Lösung! Könnte man nicht durch eine größere offizielle Spende erreichen, von einer Universität einen richtigen Ehrendoktor zu erhalten?«

»So und auf dem direkten Wege sicher nicht!«

»Sie meinen, es gibt einen indirekten Weg?«

»Es gibt Leute mit Verbindungen. Man kann so etwas hin und wieder in den Illustrierten lesen –«

Ullrich K. springt auf.

»Spielen Sie da auf den sogenannten ›Schönen Consul‹ an?«

Rechtsanwalt R. wehrt ab.

»Ich spiele auf gar nichts an, und ich kann Ihnen in der Sache auch nicht raten.«

»Ob der einen gültigen Doktortitel besorgen kann – und was wird das kosten?«

»Das weiß ich nicht.«

Rechtsanwalt R. verabschiedet sich und hat das Gefühl, die Sache mit dem Doktortitel ist bei seinem Klienten schon zur fixen Idee geworden...

Im Roten Salon von Hans Hermann Weyer schnarrt das ebenso rote Telefon.

Den Schönen Consul kümmert das nicht.

Er hat seine Leute, die erst einmal klären, was da los ist. Und los ist im Club-Hotel Weyer am Starnberger See immer etwas.

Oft sitzen die Klienten unten in »Consuls Boaz'n« schon

auf Abruf, während oben im Roten Salon zwischen antiken Möbeln, roten Vorhängen, Büchern und Ordensdekorationen noch verhandelt wird.

Die fahrbare Hausbar steht griffbereit neben dem Hausherrn, der sorgsam dosiert nachschenkt und so die Atmosphäre zwischen Repräsentation und Gemütlichkeit nach Bedarf steuert. Auch jetzt.

Die Sprechanlage schnarrt in die Unterredung hinein.

»Ferngespräch, Herr Consul. Ein Herr, Zahnarzt.« Namen werden bei solchen Anmeldungen routinemäßig nicht genannt. Der grundsätzlichen Diskretion wegen. Der Hausherr macht eine entschuldigende Handbewegung zu den Gästen. Dann tippt er auf seine Sprechanlage. »Soll in einer halben Stunde noch mal anrufen. Jetzt geht es nicht.«

Die Gespräche gehen weiter.

Eine halbe Stunde später.

Weyer schließt gerade ein Bündel Banknoten in den Wandsafe. Er überlegt, ob er die nächsten Besucher vielleicht noch eine viertel oder eine halbe Stunde warten lassen soll.

Da meldet die Sprechanlage den wiederholten Zahnarzt-Anruf.

»Bitte —«

Er nimmt den Hörer ab, und nun läuft ein Frage-und-Antwort-Spiel, das auf das Stichwort Zahnarzt jede Woche mehrmals wiederholt wird.

Der Schöne Consul kennt die Probleme seiner Kunden, bevor sie ausgesprochen werden. Es sind ja auch fast immer die gleichen.

»– Wem verdanke ich eigentlich Ihren Anruf, haben wir gemeinsame Bekannte?

– Womit kann ich Ihnen behilflich sein?

– Sie sind Dentist-Zahnarzt?
– Wie lange praktizieren Sie schon selbständig?
– Darf ich nach Ihrem Alter fragen?
– Haben Sie eine gut gehende Praxis?
– Warum wollen Sie unbedingt einen akademischen Titel haben?
– Über finanzielle Dinge kann man in diesem Stadium noch nicht sprechen. Schicken Sie mir zunächst einmal einen handgeschriebenen Lebenslauf nebst vier Ablichtungen Ihrer Zeugnisse. Außerdem fünf neue Paßfotos. Ich lasse dann wieder von mir hören. Guten Tag.«

Die Unterlagen kommen prompt, aber Weyer läßt sich Zeit mit dem Gegenruf.

Er hat es nicht eilig, und Warten erzieht.

Nach drei Wochen wird Zahnarzt Ullrich K. ungeduldig und fragt telefonisch an, wie es denn mit seinem Anliegen stehe. Aus einem potentiellen Kunden ist schon ein Bittsteller geworden. Das ist beabsichtigt.

Doch der Anruf lohnt sich, denn jetzt ist der zweite Zug an der Reihe.

»Wie die Sache steht? Nun, das läßt sich übermorgen hier in Feldafing besprechen – sagen wir ... (Pause und Blick in den Terminkalender) ... sagen wir um 17 Uhr hier in meinem Hotel. Aber bitte pünktlich, ich habe anschließend noch andere Verhandlungen. Und vergessen Sie nicht, sich ausreichend mit Bargeld zu versorgen. Zehntausend genügen.«

Am vereinbarten Tag kommt dann das »Hauptexamen«.
»– Haben Sie schon Aufsätze in Fachblättern veröffentlicht?
– Ich habe einige Erkundigungen eingezogen. War da bei Ihnen nicht mal was mit der Steuer?
– Haben Sie schon mal mit Gerichten zu tun gehabt?«

»Nein, das ist kein Grund, empört zu sein. Schließlich muß ich ja verantworten, wen ich für eine solch hohe Auszeichnung vorschlage.«

Zahnarzt Ullrich K. sieht das ein, und Weyer ist mit den Antworten zufrieden.

Man kann zu dem geschäftlichen Teil übergehen.

Eine kleine Anzahlung für Vorkosten, Verhandlungen, Reisen, Ferngespräche, Telex...

10 000 Mark wechseln den Besitzer.

Dafür hat der Klient einen Revers zu unterzeichnen, daß der Spesenbetrag auch dann nicht zurückerstattet wird, wenn sich die Sache aus unvorhergesehenen Gründen zerschlägt.

Der eigentliche Spendenbetrag, der größtenteils an die verleihende Universität geht, hat auf Abruf bereitzustehen.

Es sind noch genau 47 500 Dollar.

Nach Eingang wird dann die Verleihung der Ehrendoktorwürde angemessen erfolgen:

Durch einen Repräsentanten des Vergabe-Staates, durch den Schönen Consul oder durch Einschreiben-Zustellung in aller Stille. Ganz nach Wunsch.

Die meisten Dentisten ziehen die Einschreibeform vor. Auch Ullrich K.

Er ist heute Ehrendoktor einer nordamerikanischen Universität. Das Kultusministerium hat seine neue Würde anerkannt, denn sie stammt von einer integren Alma mater.

Deren Entscheidungen sind zu respektieren.

Zahnarzt Dr. h. c. Ullrich K. hat unmittelbar danach nochmals die Praxis gewechselt.

Sein Bohrer surrt jetzt in einer aufstrebenden Mittelstadt.

Er hat dort drei Kollegen, aber das sind alles Leute ohne akademische Würden, keine ernsthafte Konkurrenz.

Für ihn ist die Welt wieder in Ordnung.

Bürokratentum

oder

Was beim Kauf eines Doktortitels zu beachten ist

Man möchte meinen, die Promotion im Schnellverfahren bzw. der Dr. h. c. oder ehrlicher ausgedrückt, der Dr. maec. (wobei maec. für Mäzenatentum stehen soll) wäre vom üblichen Papierkram weitgehend entlastet. Weit gefehlt. An wichtigen Urkunden kommt der Kandidat nicht vorbei. Das Abgangszeugnis eines Gymnasiums, wenn möglich mit Abitur, sollte eigentlich zur Standardausrüstung des Käufers gehören. Daß in äußersten Notfällen auch hier ein Auge zugedrückt werden kann, versteht sich von selbst. An weiteren Unterlagen verlangt zum Beispiel Titelhändler Weyer:

5–7 Paßbilder (die Anzahl hängt von der jeweiligen Hochschule ab).
Lebenslauf in fünffacher Ausfertigung, wobei die erste Ausfertigung handgeschrieben vorzulegen ist.
Geburtsurkunde.
Zeugnisse.

Genauso penibel wie die Urkundenseite werden die finanziellen Belange abgewickelt. Grundsätzlich schätzt man Bares, das möglichst gebündelt seinen Besitzer wechseln soll. Die Vermittlung verursacht schließlich hohe Auslagen:

Telefon- und Telexkosten, Spesen für die Verbindungs-
aufnahme sowie Kosten für die Anfertigung von Fotokopien, Weiterleitung der Unterlagen und diverse Reisen.
Deshalb fallen für den Auftraggeber in jedem Falle 5 000
Mark an. Um eventuellen späteren Schadensansprüchen
zu entgehen, regeln derartige Transaktionen jeweils ho-
norige Rechtsanwälte. Im Falle der Spesen ist nachfolgen-
der Musterbrief üblich:

»Für meine Bemühungen stelle ich in allen derartigen Fällen eine Unkosten- und Spesenpauschale von

DM 5 000.– (fünftausend)

in Rechnung.

Eine Rückvergütung des Spesensatzes kann aus prinzipiel-
len Erwägungen im Nicht-Erfolgsfall nicht stattfinden.

Unterschriften der Beteiligten.«

Fünftausend Mark dürfen also gleich abgeschrieben wer-
den. Verläuft die Suche nach einem geeigneten Titel er-
folgreich, wird der vereinbarte Betrag Zug um Zug fällig.
Doch bleibt von der kassierten Summe nicht alles dem
Titelhändler, um sein luxuriöses Leben weiter auszubauen.
In der Regel gehen 5 000 Dollar, aber auch bei entspre-
chenden Preisen 10 000 Dollar und mehr in Form einer
Spende an die Verleihuniversität.

Anerkennung

oder
Warum nicht jeder ausländische akademische Titel
anerkannt wird

Die Deutschen zeichnen sich in besonders hohem Maße durch Eitelkeit und Titelsucht aus. Deshalb müssen sie auch von ihrem hart verdienten Geld via Steuern ein gutes Dutzend hochbezahlter Beamter in den Kultusministerien der Länder ernähren, deren Aufgabe es ist, den Jahrmarkt der Eitelkeiten nach besonders auffälligen Blüten abzusuchen. Kurz: Diese Beamten sind mit der heiklen Aufgabe betraut, ausländische akademische Titel genauestens unter die Lupe zu nehmen. Wie wichtig diese Tätigkeit sein kann, läßt sich an einem Beispiel illustrieren. Vor ein paar Jahren besann sich die ›Obermeisterin‹ eines stark frequentierten, etwas zweifelhaften Etablissements in einer italienischen Messestadt des neuesten Wirtschaftsrezepts ›Diversifikation‹. Da deutsche Messebesucher gerne ihre freundlichen Mädchen besuchten, um Ferien von der eigenen Ehefrau zu machen, wollte sie an den feinen und oft nicht gerade sehr armen Herren nicht nur durch Liebesdienste verdienen. Das beachtliche Image des Doktortitels in Deutschland war ihr noch aus ihrer aktiven Tätigkeit bekannt. So ›gründete‹ sie eine Akademie mit einem wundervoll klingenden Namen und ließ sich auch gleich die notwendigen Prüfungspapiere und Zertifikate drucken. Auf Büttenpapier, mit englischer Schreibschrift, versteht

31

sich. Ihren Kunden bot sie auf diese Weise nicht nur gegen entsprechendes Honorar sexuelle Bestätigung, sondern auch gleichzeitig die diplomierte geistige. Blüten dieser Art ließen sich viele aufführen. Sie werden aber meist sehr schnell aufgedeckt. Dazu verhilft die deutsche Gesetzgebung in Sachen ausländische akademische Titel und eine genaue Prüfung der zuständigen Beamten in den Kultusministerien. Einem besonders eifrigen Beamten brachte diese Tätigkeit bereits den Spitznamen ›Titeljäger‹ ein.

Das Führen eines im Ausland erworbenen akademischen Grades und Titels bedarf der Genehmigung. Dies ist in einem eigenen Gesetz festgelegt, das im Zungenbrecher-Amtsdeutsch schlicht »AkGrG« genannt wird. Es trat noch während der Hitlerzeit am 7. Juli 1939 in Kraft. Wie es anzuwenden ist, regelt eine dazu ergangene Durchführungsverordnung vom 21. 7. 1939. Sie besagt, daß die Genehmigung durch das zuständige Landeskultusministerium ausgesprochen wird. Die Genehmigung wird nur dann erteilt, wenn dem Antragsteller in dem betreffenden Land von einer anerkannten wissenschaftlichen Hochschule aufgrund eines Examens von der Hochschule oder von einer hierfür zuständigen Stelle die Titelführung durch ›Verleihungsakt oder durch gesetzliche Regelung‹ zuerkannt worden ist. Außerdem muß der Titel nach dem betreffenden ausländischen Recht einen akademischen Grad darstellen. Die Genehmigung verweigern die zuständigen Herren in den Kultusministerien sofort, wenn der Titel zwar wie ein akademischer Grad lautet, nach den geltenden Landesbestimmungen jedoch keinen akademischen Grad darstellt.

Wer das Genehmigungsverfahren glücklich überstanden hat, erwirbt damit das Recht, seinen ausländischen akademischen Grad in der Originalform und zuweilen auch unter Angabe der verleihenden Hochschule in der Bundesrepublik Deutschland zu führen.

Nach einem Merkblatt der Kultusministerien kann an akademische Grade mit einer fremdsprachlichen Originalform ein Klammersatz angefügt werden. Dieser Zusatz darf aber gleichfalls nur in Verbindung mit dem Originalgrad verwendet werden. Abkürzungen des Grades dürfen in unmittelbarer Verbindung mit dem Namen geführt werden, sofern sie auch in dem Land üblich sind, in dem der Antragsteller seinen akademischen Grad verliehen bekam.

Keine Schwierigkeiten gibt es bei akademischen Graden, die in unseren Nachbarländern Österreich und Schweiz erworben werden. Zwischen Deutschland, Österreich und der Schweiz besteht eine grundsätzliche und generelle Genehmigung zum Führen akademischer Grade. Da die Wiedervereinigung Deutschlands immer noch nicht aufgegeben wird, besteht auch hinsichtlich der akademischen Grade von wissenschaftlichen Hochschulen in der DDR ein Sonderstatus. Die Kultusministerien der einzelnen Bundesländer erkennen alle akademischen Grade der DDR an. Einzige Ausnahme: die sogenannten ›Spitzbartdoktoren‹. Genauer gesagt, alle akademischen Grade, die die Walter-Ulbricht-Universität für Politologie vergibt.

Amerika, das Land der unbegrenzten Möglichkeiten, wahrt auch in Titelangelegenheiten seinen Ruf. Die Möglichkeiten, dort zu ›promovieren‹, sind fürwahr fast unbegrenzt. Zu viele private Institutionen helfen hier ihren Studenten auf die akademischen Sprünge. Gerade bei den privaten Institutionen kontrollieren deshalb die deutschen Kultusministerien besonders genau, ob die angegebene Universität bereits in den Verzeichnissen der Zentralstelle für Bildungswesen bei der Kultusministerkonferenz in Bonn als anerkannt erfaßt ist. In vielen Fällen findet sich jedoch kein Eintrag. Die Genehmigungsprozedur entwickelt sich dann zu einem größeren internationalen Briefwechsel. Auf diplomatischem Weg wird bei den zuständigen Stellen in Washington angefragt, ob die Universität dort anerkannt ist oder als dubios gilt. Obwohl die Verhältnisse in Amerika toleranter als hierzulande sind, kommt es nicht selten vor, daß Universitäten, meist private Institutionen, in die Negativliste der Kultusministerien aufgenommen werden müssen und so dem Antragsteller ein abschlägiger Bescheid zukommt. Zukünftig gilt diese Entscheidung dann als Präzedenzfall. Nach Ablauf von fünf Jahren erneuert das Kultusministerium die Anfrage. Es könnte ja sein, daß sich die bisher als dubios geltende Universität zu einem anerkannten Lehrinstitut gemausert hat.

Gottesdiener

oder

Titelkäufer im geistlichen Gewande

Der Schöne Consul ist in seinen Geschäften nicht leicht zu verblüffen.

Diesmal wird er aber stutzig, als ihm sein Butler den Anruf einer Dame in Titelsachen meldet.

»Was soll das! Ich mache keine Geschäfte mit Damen.«

Aber die Dame ist energisch.

Es gehe nicht um sie, sondern um einen geistlichen Herrn. Im übrigen wünsche sie, jetzt endlich verbunden zu werden. Also – bitte sehr.

Damit beginnt eine Geschichte, die selbst in diesem Geschäft einmalig ist.

»Es geht um einen Kuratus in ländlicher Gemeinde, der in der eigenen Hierarchie aufsteigen möchte.«

»Und dazu braucht er ausgerechnet mich?«

»Er braucht einen Doktortitel!«

»Na schön – ich habe zwar bisher immer geglaubt, in der Kirche gelten andere Maßstäbe. Aber sagen Sie dem Herrn, er möge mir schreiben und nähere Angaben über sich und seine Wünsche machen.«

Der Brief kommt am nächsten Tag:

Sehr geehrter Herr Consul!

Entsprechend Ihrer telefonischen Aufforderung darf ich mich schriftlich an Sie wenden! Nachdem Sie einen ordentlichen Doktor pekuniär vermitteln können, ist dies gleichsam der letzte Versuch. Ich versuchte es bereits im Jahre 1964 über Prof. Dr. St..., allerdings wissenschaftlich. Damals scheiterte es aber an den Forderungen St...s, noch zwei Jahre in München oder in Tübingen Slawistik zu studieren. Für dieses Studium hätte ich aber von meiner Dienststelle keine Erlaubnis erhalten. Von Beruf bin ich nämlich kath. Theologe und wirke zur Zeit als Kuratus in... In unserer Diözese herrscht schon seit langem ein großer Priestermangel. Aus diesem Grunde ist und war es vor allem älteren Geistlichen – ich werde am 3. Oktober 50 Jahre – und jenen, die ein nicht einschlägiges Fach studieren wollen, verwehrt, ein Weiterstudium zwecks Promotion zu betreiben. Durch diese Umstände bewogen, habe ich mich nun entschlossen, gegen eine Geldgabe diesen akademischen Grad zu erwerben. Ich darf Sie um streng vertrauliche Behandlung meiner Angelegenheit bitten, um von meiner vorgesetzten Dienststelle keine Schwierigkeiten zu bekommen. Die Anerkennung dieses Titels von meiner Dienststelle muß ich dann selbst nach und nach regeln.

Ferner bitte ich Sie um Mitteilung, welche Unterlagen Sie noch benötigen und welche Kosten anfallen werden. Was die Finanzen betrifft, so muß ich Ihnen sagen, daß ich meine gesamten Ersparnisse, die vom spärlichen Gehalt übriggeblieben sind, dem Erwerb dieses Titels zugedacht habe. In der Hoffnung, daß Sie mir bei der Beschaffung eines ordentlichen Doktortitels behilflich sein können, verbleibe ich mit den besten Grüßen...

Der Schöne Consul hat solche Kunden nicht gerne. Wozu will dieser Kuratus seine geistliche Würde mit einem gekauften Doktortitel aufpolieren?

In der Gemeinde kommt das nicht zur Geltung, und die kirchlichen Vorgesetzten dürften damit nicht zu beeindrukken sein.

Weyer beschließt, dem Kuratus einen Besuch zu machen, um einen persönlichen Eindruck an Ort und Stelle zu bekommen. Er ist schon halb entschlossen, ihm eine andere Anlage seiner Ersparnisse zu empfehlen. So etwas kommt bei ihm selten vor, denn auf gebündeltes Bares verzichtet er nur ungern.

In Weyers imposanter Staatskarosse geht die Fahrt über Land. Als der schwarze Superwagen vor dem ärmlichen Dorf-Pfarrhaus hält, bewegt sich hinter einem schmalbrüstigen Fenster die Gardine.

Es dauert einige Zeit, bis die Tür geöffnet wird. Ein untersetzter massiger Mann mit vollem Gesicht, barocker Typ mit Goldbrille, nimmt den Besucher in Empfang.

»Bitte kommen Sie mit in mein Arbeitszimmer.«

Weyer schnuppert Armeleuteduft, den er nicht mag. Das Zimmer im ersten Stock ist spärlich möbliert. Linoleumteppich, ein Tisch mit Wachstuchdecke, vier Stühle, ein paar abgegriffene Folianten.

Der Kuratus geht auf und ab, sichtlich verlegen.

»Sie müssen wissen, ich habe meine besonderen Probleme, nur deshalb strebe ich den Doktortitel an ...«

Die Probleme unterscheiden sich nicht wesentlich von denen der anderen Kunden:

Berufliche Verbannung in die Einöde wegen irgendeiner Unstimmigkeit mit dem Boß, in diesem Falle mit dem Bischof. Der Wunsch, zu beweisen, was er für ein Kerl ist und was alles in ihm steckt. Karriere will er machen, um in die Nähe der Diözese zurückberufen zu werden. Dem Bischof wird er es zeigen.

Mit einem Doktorgrad – und wenn es nur ein Ehrendoktor sein sollte.

Weyer kürzt die umständliche Beichte ab. Ihn interessiert nur das Geschäftliche. Hat dieser ärmliche Dorfkuratus in der Tischschublade unter der Wachstuchdecke wirklich das gebündelte Bare bereit? Er hat. Wenn auch nicht in der Schublade, so auf der Bank. Also entsteht eine »vertrauliche Vereinbarung«, in der handschriftlich zu Papier kommt:

> Ich beauftrage Herrn Consul H. Weyer, mir einen Doktortitel zu besorgen. Ich zahle Herrn Weyer 13 000 Mark für Unkosten und Spesen etc. bis Dienstag, 10. 6. 69.
> Weitere 10 000 Mark zahle ich bis 30. 6. 69. Herr Weyer bemüht sich, meinen Doktortitel so schnell als möglich zu beschaffen. Ich bin mir darüber im klaren, daß Herr Weyer zwischenzeitlich Unkosten und Spesen hat, die er freundlicherweise für mich verauslagt. Ich werde den obengenannten Zahlungsmodus selbstverständlich pünktlich einhalten.

Weyer wirft dem kahlköpfigen Dorfpriester einen mitleidigen Blick zu.

»Sie sprachen vorhin davon, daß Sie als Kaufpreis Ihre Ersparnisse der letzten dreißig Jahre einsetzen. Wollen Sie sich das nicht noch einmal überlegen, ich möchte Sie nicht arm machen!«

Der Kuratus wehrt mit einem listigen Lächeln ab. »Eigentlich habe ich das nur gesagt, um den Preis etwas zu drücken. Jetzt kann ich es Ihnen ja gestehen: Ich habe eine recht vermögende Freundin, die ein paar Häuser besitzt. Sie wird alles zahlen, und es kommt auf das Geld nicht so sehr an – Hauptsache, ich bekomme einen Doktortitel, der auch anerkannt werden muß!«

Dabei wird er hochrot und erregt, seine Finger verkrampfen sich. Weyer hat den Eindruck, es kommt zu einer Szene, wenn er jetzt noch weiter widerspricht.

»Also schön, liefern Sie mir eine Doktorarbeit ab, und vergessen Sie nicht, das Geld pünktlich zu überweisen. Ich werde erst tätig, wenn 20 000 Mark eingegangen sind.«

Das Geld kommt pünktlich, ebenso die »Dissertationsarbeit«, ein hundertseitiges Universalplagiat über slawische Religionen.

Nun ja, wissenschaftliche Originalität ist beim Schönen Consul keine unbedingte Voraussetzung. Man wird zurechtkommen...

Aber Weyers Anfangsahnungen finden ihre Bestätigung, als eines Abends das Telefon klingelt.

Der Kuratus meldet sich mit gewohnt erregter Weitschweifigkeit. Es seien besondere Umstände eingetreten, die ihn zwängen, das Geschäft rückgängig zu machen. »Ich muß unbedingt mein Geld wiederhaben, hören Sie?«

Wenn Weyer so etwas hört, wird er eiskalt. Es gibt nichts Schlimmeres für ihn, als Geld zurückgeben zu müssen.

»Tut mir leid, wir haben einen Vertrag miteinander, alles ist schon eingeleitet. Eine Rückzahlung kommt überhaupt nicht in Frage!«

Damit legt er auf.

Aber der Kuratus läßt keine Ruhe. Am nächsten Tag geht ein Brief von ihm ein.

Sehr geehrter Herr Consul!

Unter Bezugnahme auf unser heutiges Telefongespräch teile ich Ihnen höflichst mit, daß mir aufgrund interner Umstände der bei Ihnen bestellte Dr.-Titel nicht gelegen ist. Ich möchte Sie deshalb recht herzlich bitten, von der bezahlten Summe 6 000 Mark an mich zurückzuzahlen, und zwar auf mein Postscheckkonto ... Ebenso bitte ich um Rücksendung meiner Unterlagen an meine Adresse. Für Ihre Mühewaltung danke ich Ihnen recht herzlich und betrachte damit die Angelegenheit als erledigt.

Mit freundlichen Grüßen

Hans Hermann Weyer nimmt naive Rückzüge dieser Art grundsätzlich nicht zur Kenntnis. In solchen Fällen läßt er den Absender durch seinen Anwalt belehren, was Verträge im zivilrechtlichen Sinne bedeuten.

Das geschieht auch jetzt.

Und Weyer vergißt die Sache, meist hat er damit recht. So scheint es auch diesmal zu sein, denn nach einigen Wochen bittet ihn der Kuratus telefonisch um seinen Besuch. Er habe einen Amtskollegen bei sich, der ebenfalls am Erwerb eines Doktortitels interessiert sei. Von dem Rücktritt des Kuratus ist nicht mehr die Rede. Der Schöne Consul lächelt selbstzufrieden.

Na, bitte!

Er beschließt, dem Amtsbruder des geistlichen Herrn zu helfen. Der Termin liegt günstig, denn er hat ganz in der Nähe einen Consultitel für 100 000 Mark abzuliefern.

Nach diesem runden Geschäft fährt er mit gefülltem Aktenkoffer und fröhlichem Sinn zu dem ländlichen Pfarrhaus, das so einträglich zu werden verspricht.

Dort wird er mit Herzlichkeit empfangen.

Der Tisch im spartanisch möblierten Arbeitszimmer ist zur Kaffeetafel herausgeputzt. Der Kuratus strahlt.

Dann sagt er leise und bescheiden, was Weyer niemals erwartet hätte:

»Bitte wollen Sie mir sofort mein Geld zurückgeben!«

»Was soll das heißen? Sie haben mich wegen einer anderen Sache hierhergebeten. Wo ist Ihr Amtskollege?«

»Den gibt es nicht. Ich will mein Geld wiederhaben, ich muß es haben, hören Sie!«

Der Kuratus ist jetzt hochrot vor Zorn. Mit geballten Fäusten steht er vor Weyer.

Der Schöne Consul gibt sich lässig.

»Kommt nicht in Frage.«

Der Kuratus hat sich inzwischen in die halboffene Tür gestellt.

»Der Consul zahlt nicht!« schreit er plötzlich in das Treppenhaus hinaus.

Sekunden später entsteht unten im Bibelraum ein vielfüßiges Getrampel. Etwa zwölf Bauernburschen stürmen die Treppe hinauf, sie haben Werkzeuge in der Hand und dringen drohend in den Raum ein.

Der Schöne Consul wird blaß.

»Herr Kuratus, überlegen Sie sich, was Sie tun. Sie machen sich strafbar, wenn Sie mich hier bedrohen und nötigen.«

»Tut mir leid, ich muß mein Geld wiederhaben!«

Weyer wirft einen raschen Blick auf das Telefon. Es ist aus der Steckbuchse gezogen und steht unangeschlossen auf dem Fensterbrett, bewacht von einem der Burschen. Langsam geht er zu dem Tisch und öffnet seinen Geldkoffer, in dem 100 000 Mark in Bündeln liegen.

»Ich zahle Ihnen das Geld zurück, aber nur, weil ich mich bedroht sehe. Hier sind 15 000 Mark. Geben Sie mir eine Quittung!«

Dem Kuratus läuft der Schweiß über das Gesicht, während er mit zitternder Hand quittiert. Auf einen Blick von ihm verdrücken sich die Bauernburschen.

Mit einer abrupten Geste nimmt Weyer den Zettel an sich.

»Herr Kuratus, das wird ein böses Ende nehmen!«

Das böse Ende von der Staatsanwaltschaft steht noch aus. Vielleicht wird es trotz Weyers Strafanzeige für den geplagten Kuratus nie kommen. Denn auf den großen Zorn folgte bei dem geistlichen Herrn der panische Schrecken. Er trieb ihn dazu, dem Schönen Consul einen großen Teil des so hart zurückerkämpften Geldes wieder auszuhändigen.

Allein, unter vier Augen irgendwo auf der Autobahn zwischen München und Berlin.

Promotion

oder
Wie ehrbare Bürger mit viel Fleiß und Intelligenz
zum Doktortitel kommen

Deutsche Universitäten vergeben im allgemeinen nicht mit leichter Hand Doktor-Würden. Sie verlangen vom Aspiranten, daß er mit einer wissenschaftlichen Arbeit wenigstens ein kleines Steinchen zum immer gigantischer werdenden Bauwerk Wissenschaft beisteuert. Auf der anderen Seite zwingen Volksmeinung und Berufsimage den Akademiker wiederum, in einigen Berufssparten den Doktortitel auf Biegen und Brechen zu erwerben. Beispiel: die Mediziner.

Ein Arzt ohne Doktortitel würde von vornherein mit dem gleichen negativen Image belastet sein wie ein 90jähriger Greis bei der ersten Hochzeitsnacht: ein Nichtskönner zu sein.

So werden die Mediziner praktisch gezwungen, eine Doktorarbeit zu schreiben. Und wie bei allen Doktorarbeiten muß sie der Verfasser ohne Unterstützung, also mit eigenem Wissen, erarbeiten. Daraus ergeben sich auch die berühmten drei Gebote für Schreiber von Doktorarbeiten:

Du darfst nicht eine alte Doktorarbeit abschreiben;
Du darfst niemanden anheuern, der Dir die Doktorarbeit schreibt; Du darfst nicht die Vorlesung eines Professors zu Papier bringen und als ›Doktorarbeit‹ abliefern.

Die fertige Doktorarbeit muß zu bestimmten Terminen der zuständigen Fakultät vorgelegt werden. Nun beginnnt die eigentliche Prozedur der Promotion, die von Fakultät zu Fakultät unterschiedlich ist. Es werden Gutachten über die Doktorarbeit angefertigt. Schließlich tritt der Doktorand zum Examen rigorosum, der wichtigen mündlichen Prüfung, an.

Selbstverständlich vergibt die Fakultät für das Ergebnis der Promotion auch Noten. Nach altem akademischen Brauch in lateinischer Sprache.

Wer sich ganz besondere Mühe gibt, wird seinen Doktor mit summa cum laude (mit Auszeichnung) erwerben. Die Skala abwärts führt dann von magna cum laude (mit hoher Anerkennung) über cum laude (mit Anerkennung) bis zu rite (ausreichend).

Übrigens: summa cum laude wertet seinen Besitzer nicht nur mit einem karriereverdächtigen Image auf, es bringt ihm auch gleich einen kleinen Gewinn. Gewöhnlich entfällt mit dem summa cum laude die Bezahlung der Promotionsgebühren. Sie betragen allerdings nur ca. 200 Mark. Rechnet man dazu noch die Druckkosten von vielleicht 1000 oder sogar 2 000 Mark für die Doktorarbeit, nimmt sich der finanzielle Aufwand für den Doktortitel doch sehr bescheiden aus gegenüber dem Bündel von 1 000-Markscheinen, die für einen gekauften Doktor aufzubringen sind.

Verbandsmanager

oder
Wie man seine Tüchtigkeit dekorieren muß,
um vorwärtszukommen

Der Präsident des Bundesverbandes trommelt nervös auf
die Palisanderplatte des Verhandlungstisches.

»Meine Herren, so geht das nicht! Bei der Nominierung
eines neuen Landesvorsitzenden kann nur die Qualifikation entscheiden, nicht ein akademisches Aushänge-
schild.«

Der Vizepräsident reibt sich genüßlich die Hände.

»Ein Landesvorsitzender muß sich nach innen und außen
durchsetzen, und dazu gehört neben der Qualifikation und
Persönlichkeit auch ein gesellschaftliches Gütezeichen,
Herr Kollege. Dafür sollten Sie doch Verständnis haben.«

»Was wollen Sie damit sagen?«

»Man hat zum Zeitpunkt Ihrer Wahl nicht übersehen, daß
Sie gerade einen deutschen und einen britischen Ehrendoktor erhalten hatten, von dem Bundesverdienstkreuz
ganz zu schweigen.«

»Ich muß doch sehr bitten!«

»Aber meine Herren ...«

»Das ist unerhört! Dieser Zynismus beleidigt uns alle ...«

»Sehr richtig«, reißt der Präsident die Situation wieder an
sich. »Und deshalb schlage ich aus fachlichen Gesichts-
punkten Herrn Otmar L. vor. Er kennt die Probleme des
Landesverbandes Bayern seit Jahren, hat den bisherigen

Vorsitzenden während dessen langer Krankheit vertreten und bringt alle Voraussetzungen mit. Man kann das nicht vom Tisch wischen, weil er sein volkswirtschaftliches Studium aus familiären Gründen im siebenten Semester abbrechen mußte.«

»Und ich bleibe dabei, daß unsere Mitglieder nur einen Mann respektieren werden, den sie mit ›Herr Doktor‹ oder ›Herr Senator‹ anreden können. Das gilt auch für die Wirkung nach außen«, opponiert der Vizepräsident.

Er ist Ehrensenator und Doktor honoris causa.

»Die Bewerbungsunterlagen des Herrn Otmar L. werden Ihnen in den nächsten Tagen zugestellt, meine Herren. Wir diskutieren den Fall dann in der Vollsitzung weiter. Ich danke Ihnen!«

Während der Präsident abrupt aufsteht, hat er das Gefühl, an einer Niederlage knapp vorbeigekommen zu sein.

Otmar L. wartet inzwischen nervös im Vorzimmer des Präsidenten.

Er ist groß, schlank, dunkelhaariger Hornbrillenträger. Ein Karrieretyp des Nachwuchs-Managements, der seine 29 Lebensjahre durch betont kühle Zurückhaltung kompensiert. Er weiß, daß sein Auftreten schlichte Menschen dazu provoziert, ihn mit ›Herr Doktor‹ zu titulieren. Befriedigung darüber und Unbehagen sind gleich groß.

Das Trauma eines unvollendeten Studiums treibt eiskalten Ehrgeiz zu Höchstleistungen.

Ein Menschenverächter, der Respekt und keine Sympathien will. In vier Jahren hat er sich zielbewußt bis an die Grenze des Top-Managements herangekämpft.

Die nächste Stunde wird zeigen, ob der große Sprung gelingt.

Als der Präsident in der Vorzimmertür erscheint, weiß Otmar L. mit sicherem Spürsinn, daß nicht alles glatt gegangen ist. Trotz höchster Protektion.

»Kommen Sie gleich mit herein!«

Hinter der Polstertür herrscht zunächst lähmendes Schweigen. Der Präsident geht zum Schreibtisch, greift nach einer Zigarette und blättert gedankenlos in den Posteingängen.

Dann geht ein gutmütiges Lächeln über sein breites offenes Gesicht.

»Jetzt sind Sie natürlich gespannt und ich verlängere die Folter noch.«

Er macht eine einladende Handbewegung zur Sesselgruppe. »Ich habe Ihre Nominierung angekündigt, wir werden aber mit einigem Widerstand rechnen müssen.«

»Darf ich nach den Gründen fragen, Herr Präsident?«

»Es gibt eben ein paar Leute, die es unter einem Doktor nicht machen wollen, aber ich hoffe doch, die Vernunft wird bei der Abstimmung siegen. Noch ist ja ein paar Monate Zeit, die Herren persönlich zu überzeugen.«

»Sie geben mir eine reale Chance?«

»Warum nicht? Ihr Konkurrent ist zwar promovierter Jurist, aber Neuling im Verbandswesen. Im übrigen sollten Sie sich selbst etwas einfallen lassen, die Delegierten zu überzeugen. Ich kann nicht mehr tun, als die Weichen zu stellen, die große Fahrt müssen Sie nun selbst machen!«

Einige Tage später liest der Schöne Consul diesen Brief:

Sehr geehrter Herr Consul Weyer!

Sie betreiben eine Titelvermittlungsagentur.

Vielleicht können Sie mir auch in meinem Fall behilflich sein.

Ich bin Ende Zwanzig und habe einen gut dotierten Beruf. Zu meinem weiteren beruflichen Fortkommen fehlt mir aber ein akademischer Grad. Ich habe das Abitur gemacht und sieben Semester in Köln studiert. Danach mußte ich aus persönlichen Gründen mein Studium für kurze Zeit unterbrechen. Nun fehlt mir zu einer besseren Karriere ein Doktortitel. Ich bin zwar wieder an der Universität eingeschrieben, jedoch würde es mir sehr helfen, wenn ich mir weitere zwei bis drei Jahre Studium sparen könnte.

Ich will aus diesem Titel keine besondere berufliche Qualifikation herleiten, sondern mir in einer status-bewußten Gesellschaft den Weg nach ›Oben‹ öffnen.

Ich wäre Ihnen sehr dankbar, wenn Sie mir helfen könnten, und verbleibe in Erwartung Ihrer Antwort

(Unterschrift)

Das Schreiben wandert in die Warteliste für Doktor-Aspiranten, denn unangemessene Eile verdirbt die Preise.

Dann wird Otmar L. telefonisch eingeladen, sich in Feldafing persönlich vorzustellen.

Im Beichtstuhl des Roten Salons sind schon viele Lebens-geschichten aufgerollt worden. Aber diesmal schüttelt Weyer doch den Kopf.

»Ich übersehe die Sache nicht so recht. Sie haben als zwei-ter Mann in diesem Landesverband eine gute Position und irgendwann werden Sie auch mal erster Mann werden. Wozu also die Eile? Nehmen Sie es mir nicht übel – aber auch als Landesvorsitzender werden Sie nicht so viel ver-dienen, daß sich die Investition von rund 50 000 Dollar für einen Ehrendoktor lohnt.«

»Es geht nicht nur um das Einkommen, Herr Consul Weyer.«

»Aha, um was denn dann?«

»Wenn ich mein Studium jetzt regelrecht beende und pro-moviere, müßte ich aus meiner Position ausscheiden. Dann ist die bisherige Aufbauarbeit umsonst gewesen, und der Weg bis zu einer neuen Kandidatur als Landesvorsitzender ist ebensolang wie ungewiß. Die drei Jahre Studium ohne Verdienst würden mich auch allerhand kosten, und ich wäre wahrscheinlich Ende Dreißig, bis sich eine ähnliche Chance bietet. Heute muß man seine Karriere aber früher machen.«

Weyer nickt nachdenklich.

»Das sind harte Bräuche in Ihrem Job. Nun, Sie müssen es ja wissen. Haben Sie das nötige Geld zusammen?«

»Ich werde es pünktlich auftreiben, meine Frau und meine Familie helfen mir dabei.«

»Schön. Bis zu welchem Termin brauchen Sie Ihren Doktortitel?«

»Der alte Landesvorsitzende tritt am 31. Dezember in den Ruhestand, die Neuwahl findet am 15. Dezember statt. Ich möchte die Verleihung einige Tage davor als Überraschungseffekt ausspielen.«

»Und wenn es damit schiefgeht?«

»Das ist mein Risiko.«

»Eben. Ich verlange volle Zahlung am 1. Dezember. Bargeld gegen die Verleihungsurkunde, zwischenzeitlich Wechsel auf diesen Termin. Wenn etwas nicht klappt und die Papiere platzen sollten, sind Sie der Blamierte.«

Otmar L. nickt erleichtert.

»Etwas interessiert mich noch am Rande, Herr L. Warum kann man in einem solchen Verband ohne Titel nicht vorwärtskommen?«

»Unsere Mitglieder sind einfache Leute, aber nicht immer leicht zu behandeln. Autorität und Titel sind für sie einfach untrennbar. Im Bundesverband weiß man das. Es geht aber auch um die Verhandlungen mit anderen Gremien und Behörden. Der Verband läßt sich dabei nicht von einem Mann vertreten, der bei Konferenzen vielleicht als einziger Teilnehmer mit seinem schlichten Namen auftreten muß. Man wird nicht akzeptiert, man ist dabei in jeder Hinsicht im Nachteil.«

»Als Kandidat für den Bundesvorsitz müßten Sie demnach also mindestens Professor sein?«

»Nicht unbedingt. Die alten Herren vor zehn oder zwanzig Jahren haben es noch mit ihrer Persönlichkeit geschafft. Aber heute müßte irgendein Titel schon vorzuweisen sein. Ein Adelsprädikat, eine sichtbare Ehrung oder ein sehr prominenter Name tun es sicher auch.«

Ein Adelsprädikat, eine sichtbare Ehrung oder ein sehr prominenter Name tun es sicher auch.«

»Wem sagen Sie das!«

Nachdem Weyer den Besucher verabschiedet hat, registriert er schmunzelnd einen ganz neuen Kundenkreis. Er nimmt sich vor, das bundesdeutsche Verbandswesen etwas genauer im Auge zu behalten.

Da bieten sich noch ungeahnte Möglichkeiten.

Am 11. Dezember kann man in den Personalnotizen der Verbandszeitung lesen, daß Otmar L. wegen seiner internationalen Verdienste um das berufliche Organisationswesen anläßlich einer Vortragsreise durch die Vereinigten Staaten von einer amerikanischen Universität mit der Verleihung der Ehrendoktorwürde ausgezeichnet worden ist.

Der Präsident des Bundesverbandes gratuliert ihm telefonisch. Der Vizepräsident schickt ihm im Namen des Gesamtvorstandes eine Glückwunschadresse, in der es heißt, man wisse die hohe Ehre zu schätzen, die damit dem gesamten Berufsverband widerfahren sei.

Man läßt ›Dr. Otmar L.‹ wissen, daß er bei der bevorstehenden Wahl des neuen Landesvorsitzenden mit einer großen Mehrheit rechnen könne und hoffe, er werde die Wahl annehmen.

›Dr. Otmar L.‹ hat sich neue Briefbogen drucken lassen, die ihn bereits als Landesvorsitzenden ausweisen.

Er hätte seine kühl verbindliche Antwort beinahe schon darauf geschrieben.

Im letzten Moment erinnert ihn dies Versehen daran, daß man über solche Kleinigkeiten stolpern kann.

Das Trauma ist am 15. Dezember endgültig beseitigt, als ihm nach einem glänzenden Wahlsieg der Vizepräsident die Hand schüttelt. »Das war ja zu erwarten, mein Lieber! Was hatte ein Außenseiter schon für Chancen gegen Sie, der Sie nicht nur ein glänzender Fachmann sind, sondern jetzt sogar international geehrt wurden. Der Verband kann stolz auf Sie sein!«

Die Wechsel sind pünktlich eingelöst worden.

Dr. Otmar L. rechnete sich aus, daß die Spesen seiner Karriere etwa drei Jahresgehälter ausmachen werden.

Afrikanischer Antrittsputz

Gebündeltes Bares

oder

Was es heute kostet, einen anerkannten Doktortitel
zu kaufen

Feste Preise gibt es nicht. Was für akademische Würden
auf den Tisch geblättert wird – in diesem blühenden Wirt-
schaftszweig liebt man Bares zu sehen – orientiert sich
nach zwei wesentlichen Wirtschaftsmerkmalen: dem Gesetz von Angebot und Nachfrage einerseits und den mög-
lichen Preispressionen durch ein Beinahe-Monopol
andererseits.

Nicht von ›Preisbrechern‹, die sowieso dank der strengen
gesetzlichen Richtlinien kaum auf Anerkennung durch die
Kultusministerien hoffen dürfen, sei hier die Rede, sondern von akademischen Würden allgemein bekannter Universitäten und Hochschulen. Dafür werden keine Schleu-
derpreise verlangt, sondern je nach Schwierigkeit der Beschaffung einige zehntausend Mark. Verständlich, wenn
man bedenkt, daß die Nachfrage bei weitem das Angebot
übersteigt. Sicher, in den letzten Jahren hat sich einiges
zugunsten eines weiter gefächerten Angebots getan. Hans
Hermann Weyer, einer der Marktführer auf dem deutschen Titelmarkt, nennt dafür auch einen ziemlich plau-
siblen Grund: das politische Tauwetter in den Beziehungen der Bundesrepublik Deutschland zu ihren östlichen
Nachbarn, insbesondere zur Tschechoslowakei. Nach Angaben eines leitenden Herrn des Bayerischen Kultus-

ministeriums erreichten die Anerkennungsanträge für Titel aus der ČSSR in einem Jahr die beachtliche Zahl von etwa 500.

Weyer jedenfalls freut sich über diese plötzliche Bereicherung seiner Angebotspalette. Seinem größeren Angebot steht ja auch seit einigen Jahren eine erhöhte Nachfrage gegenüber. So behauptet Titelhändler Weyer, heute noch durch ein Gesetz aus dem Jahre 1952 beschäftigt zu sein, das ihm volle Auftragsbücher beschert. Nach diesem Gesetz konnten beispielsweise die bayerischen Zahnärzte zu ihren Ausbildungspapieren eine Urkunde folgenden Inhalts heften:

»Im Namen der Bayerischen Staatsregierung. Nachdem der Dentist..., der am... die staatliche Anerkennung als Dentist erhalten hat, an einem Fortbildungskurs nach § 8, Abs. 1, des Gesetzes über die Ausübung der Zahnheilkunde vom 31. März 1952 (BGB 1. I S. 221) erfolgreich teilgenommen hat, wird ihm hiermit die Bestallung als Zahnarzt mit Geltung vom... erteilt. München, den... Bayerisches Staatsministerium des Inneren. Im Auftrag...«

Weyer konnte sich die Hände reiben. Es ist eben eine alte Weisheit: Wo die Wissenschaft beginnt, setzt auch gleich der ›Run‹ aufs Geld ein. Und nachdem in Deutschland das Geldverdienen eng mit dem Titel verbunden ist, behauptet der Großkaufmann unter den europäischen Titelhändlern, den Berufsstand der weißbekittelten Gebißbohrer mit zu seinen Hauptabnehmern zählen zu können. Denn: plötzlich standen die Dentisten im arrivierten Heer der studierten Zahnärzte. Oft nicht voll anerkannt und von der zahnwehgeplagten Kundschaft nicht selten mit Mißtrauen konsultiert. Ihnen fehlte das in der Bundesrepublik so wichtige ›Dr.‹ auf dem Namensschild. Hätten sie es, so behaupten viele, wäre ihr Wartezimmer voller. Ganz abgesehen von materiellen Gründen ist es auch nicht gerade ein schönes Gefühl, ständig mit ›Herr Doktor‹ angesprochen zu werden, dem Papier nach jedoch keiner zu sein.

Aber nicht nur Dentisten besannen sich in den letzten Jahren auf den Wert eines Titels. Auch Wirtschaftsprüfer, Steuerberater, Juniorchefs und Manager erkannten den Vorzug des ›Dr.‹ vor dem schlichten Namen. Die Sprossen der Karriereleiter reduzieren sich dadurch eben doch in vielen Fällen beträchtlich. Und aus dem zweiten Mann wird mit Hilfe des entsprechenden Titels schnell der erste. So gesehen erklären sich leicht die oft sehr hohen Summen, die im Titelhandel üblich sind. Die ständig steigende Nachfrage deckt das Angebot bei weitem nicht. Und weil das Titelgeschäft nur ganz wenige clevere Händler, wie Hans Hermann Weyer, betreiben, spielt der Konkurrenzfaktor praktisch keine Rolle. Man verdirbt sich gegenseitig nicht das gute Geschäft.

Selbstverständlich umfaßt das Angebot nicht alle Doktortitel. In vielen Fällen ist nur der Dr. h. c. möglich. Doch geht's auch ohne honoris causa. Für passende Doktorarbeiten kann gesorgt werden. Der Service ist eben perfekt organisiert. Nur müssen zum Teil beträchtliche ›Lieferzeiten‹ einkalkuliert werden. Sie schwanken zwischen einem und zwölf Monaten.

Kleine Preisübersicht

Die Preise sind, wie in diesem Gewerbe üblich, in Dollar angegeben. Die unteren Preiskategorien beziehen sich meist auf Titel ausländischer Hochschulen

Die Wertskala beginnt mit afrikanischen Universitäten, sie führt über süd- und mittelamerikanische Hochschulen zu den wesentlich teureren europäischen Universitäten. Aber auch hier gibt es wieder eine Rangordnung: am begehrtesten sind für schwarz-rot-goldene Titelanwärter die deutschsprachigen, besonders die deutschen Hochschulen.

DOKTOR DER PHILOSOPHIE (DR. PHIL.)

Preis: 5 000 - 24 000 Dollar

Der Dr. phil. führt die Hitliste im Titelgeschäft an.
Er ist einerseits ziemlich leicht zu beschaffen und
erfreut sich andererseits ständig steigender Beliebtheit.

DOKTOR DER MEDIZIN (DR. MED. H. C.)

Preis: 20 000 - 50 000 Dollar

Das 50 000-Dollar-Angebot beinhaltet gleichzeitig
die Möglichkeit einer Anwartschaft auf den
›Professor h. c.‹.

DOKTOR DER RECHTE (DR. JUR.)

Preis: 45 000 - 50 000 Dollar

Diese Titel sind nach Angaben eines Titelhändlers
äußerst schwierig zu beschaffen. Seine letzte
Vermittlung liegt bereits vier Jahre zurück.

DOKTOR DER STAATSWISSENSCHAFTEN (DR.RER.POL.)

Preis: 15 000 - 24 000 Dollar

DOKTOR — INGENIEUR (DR.-ING.)

Preis: 25 000 - 35 000 Dollar

Einer verstärkten Nachfrage steht nur ein
bescheidenes Angebot gegenüber.

DOKTOR DER ZAHNHEILKUNDE (DR. MED. DENT.)

Preis: 20 000 - 50 000 Dollar

Durch die Neufassung des Gesetzes über die Ausübung
der Zahnheilkunde erhöhte sich das Interesse
für diesen Titel beträchtlich.

DOKTOR DER BETRIEBSWIRTSCHAFT (DR. OEC.)

Preis: 20 000 - 25 000 Dollar

DOKTOR DER THEOLOGIE (DR. THEOL.)

Preis: 14 000 - 20 000 Dollar

Preisbrecher

oder
Ein Doktortitel für 100 Mark

Ja, es gibt ihn bereits, den Doktortitel zum Schleuderpreis von 100 Mark. Nicht Neckermann macht's möglich, sondern eine anscheinend ziemlich freizügige Gesetzgebung auf dem amerikanischen Kontinent. Wie dereinst die amerikanischen Investmentgesellschaften ihre Fühler in Richtung Europa ausstreckten, versuchen heute amerikanische Colleges, die teilweise wohl sinngemäßer als ›Doktorfabriken‹ firmieren sollten, auch den europäischen Markt fest in die Hand zu bekommen. Die Investmentgesellschaften liefern für derartige geschäftliche Expansionsbemühungen bereits vorgefertigte und tausendmal durchexerzierte Rezepte. Zum Beispiel den Handel über europäische Vertreter nach einem Provisionsschema.

Solch ein Vertreter einer amerikanischen ›Universität‹ sitzt zum Beispiel in Frankfurt. Das Drückerprinzip bzw. das Klinkenputzen mit dem schwarzen Diplomatenkoffer, wie es einige Vertreter von Investmentgesellschaften praktizieren, liegt ihm allerdings nicht. Schließlich vertritt er ja eine wissenschaftliche Institution.

Als die Presse in stärkerem Maße auf die sonderbaren Praktiken dieser ›Doktorfabriken‹ hinwies, bekam der rührige Vertreter kalte Füße. Wer sich bei ihm nach einem Doktortitel erkundigt, wird jetzt gleich mit der Adresse in

Amerika bedient: »Weil ich im Moment keine Geschäfte machen möchte.« Ob sein Bemühen trotzdem Honorierung aus Amerika erfährt, erscheint bei seinen Schleuderpreisen doch sehr fraglich: »Am besten, Sie schreiben direkt an die UNIVERSAL LIFE CHURCH, INC. IN KALIFFORNIEN. Vergessen Sie nicht, einen Scheck über 50 Dollar beizulegen. Ganz im Vertrauen, sie können es auch zuerst einmal mit 25 Dollar versuchen.« Soweit das wörtlich wiedergegebene Telefonat mit dem ›Universitätsberater‹.

Für 25 Dollar, also für knapp 100 Mark, sind bereits akademische Würden käuflich zu erwerben. Welchen Wert sie besitzen, steht auf einem anderen Blatt. Darüber schweigt man sich aus. Auch über die Tatsache, daß das Führen eines im Ausland erworbenen akademischen Grades nach dem hierzulande gültigen Gesetz über das Führen akademischer Grade genehmigungspflichtig ist.

Das Examen rigorosum in einem ehrwürdigen Bauernhaus, mitten im tiefsten Oberbayern – auch das ist möglich. Während draußen vollbusige Bäuerinnen Milchkannen schleppen und bayerisches Fleckvieh sein vielzähliges Dasein lautstark der verschlafenen 2 000-Seelen-Gemeinde kundtut, kann im Nachbarhaus des Bürgermeisters die mündliche Prüfung zur Doktorarbeit abgelegt werden.

Die Vielzahl der Bauernhäuser mit Stallungen und vorgelagerten Misthaufen lassen den nicht eingeweihten Besucher eher auf die Außenstelle einer landwirtschaftlichen Fakultät schließen. Doch weit gefehlt. In dem schmucken Bauernhaus hat sich ein schmächtiger Ägypter eingemietet, der in der guten Wohnstube, die während der Weihnachtszeit ein hübsch dekorierter Christbaum ziert, Titelaspiranten empfängt.

Der in die bayerische Provinz verschlagene Ägypter, seines Zeichens General-Repräsentant für Europa, wertet seinen

Namen durch mehrfache Doktortitel auf. Dies ist gleichsam versteckte Public Relations. Die Titel, die er trägt und die er dem Besucher auch auf fein säuberlich eingerahmten Urkunden präsentiert, können über ihn erworben werden. Der Ägypter T. M. vertritt in Europa das COLLEGE OF DIVINE METAPHYSICS, INC. Dieses College ist bereits seit 1918 ununterbrochen tätig. Laut Satzung wurde es damals als religiöse Erziehungsinstitution registriert und besitzt das volle Recht, Titel zu verleihen. Der Staat Indiana privilegierte es 1920.

Damit vorsichtige Interessenten diesen Tatbestand nicht in Zweifel ziehen, weist der aufwendig gehaltene Prospekt, nach dem Motto ›wer nicht glaubt, soll dafür blechen‹ darauf hin, daß die Anfertigung und Zusendung einer Fotokopie der Privilegierungsurkunde gegen Einsendung von zwei Mark möglich wäre.

Prinzipien und Ziele des College erklärt ein fünfseitiger Aufsatz unter der Überschrift »Was ist Metaphysik?«. Da finden sich dann so erbauliche Ausführungen wie: ... »Der vorherrschende Geist hinter dem COLLEGE OF DEVINE METAPHYSICS ist, daß die Prinzipien, die das College lehrt, in Kraft treten sollen. Um dieses Ziel zu erreichen, sparen wir weder Zeit noch Unkosten, um dem Studenten zu helfen und ihm beizustehen, damit er, so bald wie möglich, die Beherrschung der Prinzipien, die die Lektionen enthalten, erreicht. Der Erfolg des College hängt an der Entwicklung und Leistungsfähigkeit seiner Studentenschaft. Deshalb gibt es einen großen Gedanken, und dieser ist:

Der einzelne soll sich selbst helfen

Wie diese salbungsvoll dargebrachten Prinzipien zu verwirklichen sind, bzw. wie die drei möglichen Doktorgrade erlangt werden können, erklärt die letzte Seite des College-

Prospektes: »Das Studium von drei der folgenden Kurse gibt dem Studenten das Recht, den ›Doktor der Psychologie‹ zu erwerben, und vier Kurse geben ihm das Recht für zwei Titel: ›Doktor der Psychologie‹ und ›Doktor der Metaphysik‹.«

Praktische Metaphysik
Metaphysische Heilung
Schlüssel zur Selbstentfaltung
Psychologie des Geschäftserfolges
Psychologie der Kindererziehung
Das Leben Jesu
Biblische Literatur

Wer gar auf eine ganze Reihe an Doktortiteln Wert legt, braucht nicht einmal das College zu wechseln. Die Göttlichen Metaphysiker aus Indianapolis halten noch einen weiteren Titel bereit, den ›Doktor der Theologie‹.

Für Interessenten auch dazu die Anleitung: »Das Studium des doppelten Kurses ›Met. Bibel-Interpretation‹ und fünf der obengenannten Kurse geben dem Studenten das Recht, den Titel ›Doktor der Theologie‹ zu erwerben.

Die beiden Kurse ›Kirchenverwaltung‹ und ›Vergleichende Religionen‹ gelten zusammen als ein Hauptkurs. Priester oder Personen mit genügender theologischer Praxis können den Titel D. D. (Doktor der Theologie) erwerben, wenn sie den Kurs ›Metaphysische Bibel-Interpretationen‹ und den Kurs ›Praktische Metaphysik‹ absolvieren oder ›Praktische Metaphysik‹ und noch zwei andere Hauptkurse.

Allerdings möchten wir den Studenten mitteilen, daß nur die ersten fünf von den obenerwähnten Kursen bis jetzt in die deutsche Sprache übersetzt sind.

Wir sind beim Übersetzen der restlichen Kurse tätig und werden Sie darüber laufend informieren.

Und die Kosten? Jeder Kurs ist in einem Skriptum fest-
gehalten, das zu Hause durchgearbeitet werden kann.
Für die einzelnen Kurse fallen folgende Gebühren an:

PRAKTISCHE METAPHYSIK
>*30 Lektionen – 70 Dollar (ca. DM 280.–)*

METAPHYSISCHE HEILUNG
>*33 Lektionen – 70 Dollar (ca. DM 280.–)*

SCHLÜSSEL ZUR SELBSTENTFALTUNG
>*30 Lektionen – 70 Dollar (ca. DM 280.–)*

PSYCHOLOGIE DER KINDERERZIEHUNG
>*30 Lektionen – 70 Dollar (ca. DM 280.–)*

PSYCHOLOGIE DES BERUFS- UND GESCHÄFTSERFOLGES
>*28 Lektionen – 70 Dollar (ca. DM 280.–)*

DAS LEBEN JESU
>*30 Lektionen – 70 Dollar (ca. DM 280.–)*

METAPHYSISCHE BIBEL-INTERPRETATION
>*53 Lektionen – 140 Dollar (ca. DM 560.–)*

BIBLISCHE LITERATUR
>*30 Lektionen – 70 Dollar (ca. DM 280.–)*

VERGLEICHENDE RELIGIONSWISSENSCHAFTEN
>*15 Lektionen – 30 Dollar (ca. DM 120.–)*

KIRCHENVERWALTUNG
>*15 Lektionen – 40 Dollar (ca. DM 160.–)*

Wer nun den Stoff der nötigen Kurse gut gelernt hat,
muß pro Kurs schriftlich 40 Fragen beantworten. Daran
schließt sich dann eine mündliche Prüfung an. Dafür fallen
selbstverständlich wieder Gebühren an. Für den Ps. D.,
also für den ›Doktor der Psychologie‹, DM 160.– und bei
Erwerb des Ms. D., also des ›Doktors der Metaphysik‹,
weitere DM 50.–.«
Die Rechnung unter dem Strich sieht dann so aus: Doktor

der Psychologie, einschließlich Prüfungsgebühren DM
1000.–.

Wer gleichzeitig den ›Doktor der Metaphysik‹ erwerben
will, muß nur noch DM 330.– für einen Kurs und Prüfungsgebühren zuzahlen.

Dafür bekommt der erfolgreiche Student dann auch ein
aufwendiges Diplom in der Größe 40 × 40 cm mit farbig
geschmücktem Siegel überreicht.

Was das College den Studenten an wissenschaftlichem
Rüstzeug mitzugeben versucht, kann aus der Erklärung
des metaphysischen Heilkurses leicht ersehen werden.

Dort ist zu lesen: »Spirituelle oder göttliche Heilung spielt
heute eine große Rolle im weltlichen Fortschritt, so daß
ein metaphysisches Studium ohne eine umfassende Behandlung dieses Themas nicht vollkommen sein könnte.
Alle Lehrer und Kapazitäten auf diesem Gebiet werden
etwas über metaphysische Heilung wissen und können
diese neben ihrer eigentlichen Arbeit praktizieren. Viele,
die ein Naturtalent für Heilung besitzen, können keine
guten Resultate erzielen, da sie nichts über deren Ausführung wissen.«

Dieser Kurs behandelt das Thema von Heilung in einer
sehr verständlichen Methode. Die enthaltenen Prinzipien,
die diese Kraft manifestieren können, sind vollständig erklärt, und besondere Vorschriften für die Behandlung von
verschiedenen Fällen sind gegeben.

Lektion 1 Was ist Gesundheit?

Lektion 2 Was ist Geist?

Lektion 3 Allgemeine Regeln

Lektion 4 Allgemeine Regeln

Lektion 5 Fernheilung

Da sicher Deutschlands Professorenschaft bei der Lektüre des gebotenen Lehrstoffes und seiner prüfungstechnischen Abwicklung nicht in begeisterte Bravorufe ausbricht und auch mancher wissenschaftliche Laie zweifelnd den Kopf schütteln wird, überreicht der Europa-Repräsentant des College dem Interessenten einen hektografierten Zettel mit dem sicher jeden schließlich überzeugenden Text:

GUTACHTEN EINES WELTBERÜHMTEN DEUTSCHEN

WISSENSCHAFTLERS

Ein international anerkannter Wissenschaftler der Medizin schreibt uns folgendes:

»Das Studium der Metaphysik, wie es im COLLEGE OF DIVINE METAPHYSICS, INDIANAPOLIS, gelehrt wird, halte ich für eine ausgezeichnete Methode, die Wahrheiten, welche dieses Spezialgebiet beinhaltet, den Studierenden nahezubringen.

Ich habe selbst Gelegenheit gehabt, einzelne Lektionen zu studieren und war immer wieder erstaunt, mit welcher Prägnanz und wissenschaftlicher Exaktheit alle anstehenden Probleme erläutert werden.«

Ordinarius i. R. Prof. Dr. med. et. Dr. med. dent. J. M.

Das COLLEGE OF DIVINE METAPHYSICS IN INDIANAPOLIS ist den amerikanischen Behörden durchaus bekannt. Eine Anfrage beim Amerikanischen Generalkonsulat ergab, daß das College vom Staat Indiana die vollen legislativen Rechte besitzt, folgende religiöse Titel an seine Studenten zu verleihen:

Ps. D. (Doctor of Psychology), Ms. D. (Doctor of Metaphysics) und D. D. (Doctor of Divinity).

Wer allerdings glaubt, mit schlichten 90 Lektionen gleich seinen Namen durch einen imagefördernden ›Dr.‹ davor aufwerten zu können, sollte an das Gesetz über das Führen akademischer Grade denken. Genaugenommen läßt

sich bereits vieles aus der Anmerkung auf dem Anmelde-
bogen des College herauslesen: »Falls in dem Land, in
dem ich lebe, die Führung meines Titels verboten ist, will
ich diesen nur hinter meinen Namen setzen – mit Herkunftsangaben – z. B.: R. MÜLLER, PS. D. COLLEGE OF DIVINE
METAPHYSICS, USA.«

Kleiner Tip: In manchen Dörfern Bayerns bedarf es nur
einer Brille, um mit ›Herr Doktor‹ angesprochen zu
werden.

Visitenkarten-Doktor

oder

Wie man aus einem falschen Doktor einen echten macht

Die Sekretärin mustert den Besucher mit einem indignierten Blick und drückt die Sprechtaste zum Chefzimmer.

»Herr Generaldirektor, ein Kriminalbeamter möchte Sie sprechen.«

»Ist es denn so wichtig, daß ich mich damit befassen muß?« schnarrt die Stimme zurück.

»Der Herr besteht darauf ...«

»Also gut, ich lasse bitten.«

Dr. W., Chef eines Arzneimittelwerkes, bleibt an seinem Schreibtisch sitzen, als sich die Doppeltür öffnet.

Er macht eine flüchtige Geste.

»Was kann ich für Sie tun?«

Kriminalassistent S. nimmt auf dem Besucherstuhl Platz.

»Es handelt sich um Herrn Ludwig F.«

»Sie meinen Herrn Doktor F.? Er ist einer meiner leitenden Herren im Außendienst.«

Der Kriminalassistent nickt.

»Dürfte ich Einblick in seine Personalpapiere nehmen?«

»Wollen Sie mir nicht erst erklären, um was es sich handelt?«

»Es besteht der Verdacht, daß Herr F. seit über zwanzig Jahren den Titel eines Doktors der Medizin zu Unrecht führt.«

Der Generaldirektor schlägt impulsiv mit der Hand auf den Tisch. »Aber das ist doch blanker Unsinn! Dr. F. ist nicht nur ein erfolgreicher Repräsentant meines Hauses, er ist ein über jeden Verdacht erhabener hochqualifizierter Akademiker. Ich habe mich selbst immer wieder davon überzeugen können!«

»Anhand seiner Diplome?«

»Aufgrund seiner Qualifikation.«

»Dann wird sicher in der Personalakte eine Fotokopie seiner Promotionsurkunde sein.«

Generaldirektor Dr. W. zündet sich eine Zigarre an und wirft dem Besucher einen unfreundlichen Blick zu.

Dann drückt er die Sprechtaste zum Vorzimmer.

»Die Personalakte Dr. Ludwig F. – aber bitte sofort!«

Wenige Minuten später blättert er in dem Hefter.

»Hier steht es ganz klar im Lebenslauf: 1925 als Sohn eines Polizeibeamten in Hamburg geboren...«

Dabei kann er sich einen spöttischen Blick nicht versagen.

»Volksschule, Gymnasium, seit 1943 Soldat, Gefangenschaft, danach ein paar Zwischenbeschäftigungen, wie es damals üblich war. Dann Auslandsaufenthalt, Studium...«

Seine Stimme wird betont spöttisch.

»Anschließend Tätigkeit als wissenschaftlicher Assistent im Diagnostischen Institut von B-stadt. Vor knapp vier Jahren Bewerbung bei uns. Beigefügtes Zeugnis des Institutes: Dr. Ludwig F. ist ein überdurchschnittlich begabter junger Wissenschaftler und hat sich als gewissenhafter Diagnostiker bewährt. Besonders reges Interesse an Forschungsaufgaben... und so weiter.«

Der Generaldirektor klappt die Akte befriedigt zu.

»Genügt das?«

»Nicht ganz. Wie steht es mit der Promotionsurkunde?«

»Sicher wird er sie mal vorgelegt haben. Aber nach dem Lebenslauf und dem zitierten Zeugnis war eine Fotokopie für die Personalakten nicht erforderlich.«

»Ist Herr F. jetzt im Hause zu erreichen?«

»Sicher nicht. Meine Herren vom Außendienst pflegen werktags zu arbeiten, Herr Kriminalassistent.«

Der Generaldirektor steht verabschiedend auf.

»Das wäre es wohl. Wenn ich Ihnen noch einen guten Rat geben darf – lassen Sie die Finger von der Geschichte. Bei Herrn Dr. F. stimmt alles und Sie vergeuden nur Ihre Zeit!«

»Es ist meine Zeit, Herr Generaldirektor. Guten Tag!«

Freitag nach Büroschluß.

Im Vorzimmer des Generaldirektors wartet Dr. Ludwig F. darauf, empfangen zu werden.

Er hatte sich etwas gewundert, als ihn die Order unterwegs erreichte, denn der Chef ist mit seinen Audienzen sparsam. Also kann es nur um eine wichtige Sache gehen – vielleicht um die langersehnte Beförderung zum Leiter des Außendienstes...

»Der Herr Generaldirektor läßt bitten!«

Die Sekretärin nickt ihm freundlich zu, während sie mit den Unterschriftsmappen aus dem Chefzimmer kommt.

Die Doppeltür steht einladend offen.

Mit einer freundlichen Geste kommt der Chef bis zur Mitte des Raumes entgegen.

»Guten Tag, mein Lieber! Bitte hier in die Clubecke...«

Ein langer Zug aus der Zigarre.

»Wir haben uns lange nicht gesehen, aber ich weiß natürlich, daß Sie seit Monaten Spitzenreiter im Umsatz sind. Gratuliere! Das heißt – eigentlich können wir uns gratulieren, Sie zu haben.«

Dr. Ludwig F. wehrt bescheiden ab.

»Es ist nicht schwer, unsere Erzeugnisse zu verkaufen, Herr Generaldirektor.«

Der Chef blättert in einer Mappe.

»Ich habe in letzter Zeit wissenschaftliche Aufsätze von Ihnen in den Fachblättern gelesen. Könnten Sie so etwas nicht auch für unseren Ärztlichen Informationsdienst schreiben?«

»Selbstverständlich gern. Ich wollte das schon anregen.«

»Ausgezeichnet. Kognak?«

»Nein danke, ich muß noch fahren.«

»Immer korrekt, was? Wo haben Sie eigentlich studiert?«

Die Frage kommt so plötzlich und unerwartet, daß Dr. Ludwig F. einen Augenblick stockt.

»In Wien...«

»Und dort haben Sie auch promoviert?«

»Ja...«

»Sehr schön. Dann schicken Sie mal diesem Herrn eine Ablichtung Ihrer Promotionsurkunde...«

Er schiebt eine Visitenkarte über den Tisch, die Dr. F. zögernd ergreift.

Dabei fällt ihm auf, daß sein Gegenüber plötzlich verkrampft und blaß im Sessel sitzt.

»Kriminalpolizei? Ich verstehe nicht recht...«

Der Generaldirektor winkt ab.

»Kein Grund, zu erschrecken. Es ist nur eine dumme Verleumdung, die Ihnen wahrscheinlich ein futterneidischer Kollege angehängt hat. Irgend jemand behauptet, Sie hätten gar nicht studiert. Ich habe dem Kriminalbeamten schon meine Meinung gesagt, aber er will es nun mal von Ihnen selbst wissen. Also tun Sie ihm den Gefallen.«

Ludwig F. steht langsam auf.

»Das kann ich nicht!«

»Was können Sie nicht?«

»Ich habe keine Promotionsurkunde, und ich habe auch kein Medizinstudium absolviert.«

Der Generaldirektor sieht auf, sein Gesicht wird dunkelrot.

»Und das wagen Sie mir so einfach ins Gesicht zu sagen?«

»Wenn sich die Kriminalpolizei mit der Sache befaßt, bleibt mir nichts anderes übrig. Ich darf wohl annehmen, daß ich fristlos entlassen bin ...«

Der Chef geht zum Fenster und pafft dicke Rauchwolken. Es ist so still, daß man das Ticken der Schreibtischuhr hört. Dann wendet er sich abrupt um, kommt auf Ludwig F. zu und bleibt dicht vor ihm stehen.

»Mann, wissen Sie, was Sie da angerichtet haben? Sie betreuen unsere besten Kunden, Sie sind bei ihnen als Kollege eingeführt, als Dr. med. Ludwig F.! Sollen wir Sie jetzt einfach aus dem Verkehr ziehen und auf die Zeitungen verweisen, die Sie als Hochstapler apostrophieren werden?«

»Ich weiß keinen anderen Ausweg.«

»So! Sie wissen keinen Ausweg, Sie machen einfach eine Lebensbeichte und warten, was daraus wird. So einfach geht das nicht, Herr Doktor!«

»Aber Herr Generaldirektor ...«

»Na ja – also ohne Doktor. Wie ist das eigentlich alles passiert?«

»Ich war Sanitäter im Kriege. Dann habe ich im Lazarett des Gefangenenlagers mitgeholfen. Ich hatte Vorteile davon, daß man mich für einen Arzt hielt. Schließlich habe ich dann meine Entlassungspapiere als Arzt erhalten, es ging ja alles drunter und drüber. Später hatte ich bei den Behörden keinen Mut, die Sache aufzuklären.«

»Haben Sie jemals als Arzt praktiziert?«

»Niemals. Ich habe nur wissenschaftlich theoretisch gearbeitet.«

»Wissenschaftlich! Wo haben Sie eigentlich Ihre Kenntnisse herbezogen?«

»Private Studien. Ich wollte immer Mediziner werden, aber dann kam der Krieg dazwischen.«

»Und in dem Diagnostischen Institut hat man bei Ihrer Einstellung keine Nachweisungen verlangt?«

»In diesen Jahren hatten viele keine Dokumente mehr. Eigentlich sollten sie nachgereicht werden, aber das geriet dann in Vergessenheit.«

Der Generaldirektor schlägt sich selbstironisch auf die Schenkel. »Und wir haben es genauso gehalten! Sie werden sich über uns vertrauensvolle Trottel amüsiert haben.«

»Nein, Herr Generaldirektor.«

»Immerhin – Respekt, wie Sie es geschafft haben, unser bester Mann zu werden.«

Der Generaldirektor geht zum Schreibtisch und drückt die Sprechtaste ins Vorzimmer.

»Bitte sofort die Umsatzberichte von Dr. F. aus den letzten sechs Monaten.«

Dann studiert er die Karteikarten, rechnet und macht Notizen. »Millionenumsätze, über dreißig Prozent Steigerung in vier Jahren. Können Sie mir sagen, wo ich so schnell einen Nachfolger hernehmen soll, wenn ich Sie jetzt rausschmeiße?«

Ludwig F. starrt schweigend vor sich hin.

Der Generaldirektor zündet umständlich eine neue Zigarre an und läßt sich in den Clubsessel fallen.

»Ich werde Ihnen eine Chance geben. In vier Wochen sind Sie Doktor der Medizin...«

»Aber das ist doch unmöglich!«

»Meinetwegen auch honoris causa, aber auf dem Papier muß es stimmen. Verstanden?«

»Offen gestanden, nein . . .«

»Es gibt Titelhändler, bei denen man so etwas kaufen kann – gegen Geld, aber ganz legal. Haben Sie schon mal etwas vom Consul Weyer gehört?«

»Allerdings, aber . . .«

»Kein aber! Wir werden die Sache finanzieren, Sie werden schnellstens Ehrendoktor und ich will die ganze Geschichte vergessen, wenn Sie die Urkunde auf den Tisch gelegt haben.«

»Aber die Kriminalpolizei wird sie nicht vergessen!«

»Ich werde Sie für ein Jahr ins Ausland schicken, wir erweitern den Markt zur Zeit in verschiedenen Ländern. Wenn es hier wegen unberechtigter Titelführung zu einem Verfahren kommt, wird das eine Bagatellsache sein, da Sie zum Glück nicht praktiziert haben. Einer unserer Anwälte wird Sie vor Gericht in Abwesenheit vertreten. Sie sind nicht vorbestraft?«

»Nein, ich habe nie mit Gerichten zu tun gehabt.«

»Dann wird es mit einer Geldstrafe zu machen sein. Sie bleiben im Ausland, bis über die Geschichte Gras gewachsen ist. Dann können Sie als Dr. honoris causa hier weiterarbeiten. Inzwischen tausche ich Sie mit einem Auslands-Repräsentanten aus.«

Ludwig F. bekommt wieder Farbe.

»Das wird sich alles so arrangieren lassen, Herr Generaldirektor?«

»Es wird – und Sie sind es dem Unternehmen schuldig. Damit Sie aber meine Motive klar erkennen: Das ist kein Akt der Menschenfreundlichkeit, sondern eine Sache der geschäftlichen Vernunft!«

Hotel Seeblick in Feldafing am Starnberger See.

Der Schöne Consul sitzt im Roten Salon und sieht die Tagesschau.

Dabei läßt er sich nicht gern stören, aber das Titelgeschäft kennt keine Kanzleistunden.

Während die Wetterkarte Föhn für den nächsten Tag verheißt, schnarrt das rote Telefon.

»Wer will mich sprechen, ein Dr. F.? Kenne ich nicht. Er soll sich schriftlich anmelden, wie das üblich ist.«

Aber der Besucher gibt sich damit nicht zufrieden. Es sei ganz dringend und er habe eine weite Reise hinter sich.

»Was will er denn eigentlich? Doktor ist er ja offensichtlich schon, und wenn er ein Consulat haben will, dann geht das ohnehin nicht so schnell.«

Auch das beeindruckt den Besucher nicht, dessen verzweifelte Hartnäckigkeit Weyer nun doch neugierig macht.

»Also, lassen Sie ihn heraufkommen!«

Ludwig F. muß sich dem üblichen Verhör unterziehen.

Da er präzisen Fragen immer wieder ausweicht, wird Weyer ungeduldig.

»Ich verstehe das Ganze nicht. Wozu brauchen Sie noch einen Doktortitel? Für den Verkauf Ihrer Arzneimittel wird doch wohl *ein* akademischer Grad genügen.«

Ludwig F. überwindet endlich die Scheu, sich zu offenbaren. Er nimmt seine auf dem Tisch liegende Visitenkarte und streicht den Doktortitel vor seinem Namen aus.

»Den gibt es leider gar nicht ...«

Dann erzählt er rückhaltlos seine Geschichte.

Hans Hermann Weyer hat für bedrängte Existenzen mehr Verständnis, als seine Kunden ahnen. Innerlich amüsiert er sich über die hilflose Beichte und beschließt, dem falschen Doktor zu helfen, falls er die in solchen Fällen übliche Sondertaxe zahlen kann.

»Sie wissen, daß die Geschichte teuer werden wird?«

»Mein Chef will alle Kosten übernehmen.«

»Na schön. Wenn er einer bestimmten Auslands-Universität ein komplettes Labor finanziert, wird man dort vielleicht über den Schönheitsfehler in Ihrer Vergangenheit wegsehen.«

»Sie können ihn sofort anrufen, Herr Consul.«

Weyer lächelt mitleidig.

»Glauben Sie im Ernst, ich laufe meiner Kundschaft noch hinterher? Berichten Sie Ihrem Boß, daß die Sache über 100 000 Mark kostet und eine Anzahlung sofort fällig ist. Sie wird auch dann nicht zurückerstattet, wenn die Verleihung platzen sollte. Und Sie schicken mir Ihren Lebenslauf mit 5 Lichtbildern. Ich werde grundsätzlich erst tätig, wenn die Finanzierung gesichert ist. Wo werden Sie Ihr Auslandsjahr hinter sich bringen?«

»In England.«

»Dann will ich sehen, daß ich mit einer dortigen Universität klarkomme. Die nächsten Schritte liegen nun bei Ihrem Chef und Ihnen.«

Die nächsten Schritte werden pünktlich abgewickelt.

Ludwig F. ist inzwischen ins Ausland abgereist und es besteht begründete Aussicht, daß die bundesdeutsche Justiz mit ihm gnädig verfährt.

Inzwischen hebt er den Arzneimittelumsatz seiner Werke in Großbritannien, und sein Generaldirektor kann sich die Hände reiben, denn die in Ludwig F.'s Ehrenrettung investierte Summe macht sich schon jetzt bezahlt.

In ein oder zwei Jahren wird er zurückkommen und wieder deutsche Ärzte beraten.

Auf seiner Visitenkarte wird dann stehen

LUDWIG F . . . . PHD. H. C.

und die Arzt-Kunden werden noch mehr Respekt vor dem bescheidenen Kollegen haben, der sich trotz zweier akademischer Grade dezent mit einem begnügt, um seine Überlegenheit nicht sichtbar zu machen.

Ein taktvoller Mann, dem Sympathien und Umsatz sicher sind.

Mail-Order-Doktoren

oder
Wie eine Katze den Doktortitel erwarb

Rektor S. der »English Association of Estate, Agents and Valeurs« im englischen Newport freut sich über jedes Schreiben, das ihm der Postbote morgens in den Briefkasten steckt. So auch über den Brief eines Herrn Michael G.

Der Briefschreiber bat für seinen Freund Oliver R. um das nötige Unterlagenmaterial für Studium und Diplom im Newporter Institut.

Das Aufnahmeformular folgte postwendend. Einzutragen waren Name, Beruf und noch einige unwichtige Angaben.

Von langen Studien und strapaziösen Prüfungen war nirgends etwas zu lesen. Auch nicht von einem Stundenplan, geschweige denn von Hörsälen. Damit belastet sich dieses College nicht. Das kostet Zeit und Geld. »Rektor« S. bedient sich da lieber eines einfacheren Weges. Die Vergabe seiner Diplome richtet sich nicht nach bestimmten Intelligenzquotienten. Der Prüfling muß lediglich imstande sein, Geldscheine zu zählen oder die nötigen Zahlen auf ein Überweisungsformular zu schreiben.

Als durchgefallen gilt derjenige, der nicht bis zu der geforderten Summe zählen kann. Kurz: der zu wenig überweist. Ein einfaches Prüfungsschema.

Aber auch, wer sich außerstande sieht, ein paar Geldscheine abzuzählen oder ein Überweisungsformular richtig auszufüllen, braucht deshalb nicht auf die akademischen Würden aus Newport zu verzichten. Mit Hilfe von Ghostzählern oder Ghostschreibern kommen sogar Analphabeten zu einem Diplom der »English Association of Estate, Agents and Valeurs«. Das ganze Verfahren wird über den einfachen Mail-order-Weg erledigt.

So war es auch bei Michael G., der für seinen Freund das Anmeldeformular ausfüllte. In der Spalte »Beruf« vermerkte er wahrheitsgetreu »Nagetier-Beseitiger«.

Schon einige Tage später brachte der Postbote das Diplom für Oliver S. Prüfungsergebnis: »Hervorragende Kenntnisse in der Grundstücksmaklerei.« Das Diplom bescheinigte Oliver S. ferner akademische Würden in der Grundstücksmaklerei.

Einziger Nachteil: Oliver S. wird trotz seines diplomierten akademischen Wissens nie ein Grundstück verkaufen können. Das einzige, was Oliver S. mit Grundstücken zuwege bringt, läßt sich mit dem Begriff »Verunreinigung« umschreiben. Denn: Oliver S. ist eine stubenreine Katze, die ihre großen und kleinen Geschäftchen mit Vorliebe auf unbebauten Grundstücken verrichtet.

Besitzer der Katze ist der britische Kameramann Michael G., der mit diesem Gag einen besonderen heiteren Beitrag für das satirische Fernsehprogramm »TW 3« beisteuerte.

Die »English Association of Estate, Agents and Valeurs« in Newport ist jedoch nicht das einzige Institut, das intelligenzschwachen Gemütern zu akademischen Titeln verhilft. An weiteren Titelfabriken wären zu nennen:

INTERNATIONAL FREE PROTESTANT EPISCOPAL UNIVERSITY
in London

BRANTRIDGE FOREST SCHOOL in der Grafschaft Sussex
ENGLISH ASSOCIATION OF ACCOUNTANTS AND AUDITORS
in Newport

»St. Olav's Academy« in London

Wenn deutschen Titel-Piraten das Geschäft innerhalb der schwarz-rot-goldenen Grenzpfähle zu gefährlich erscheint, weichen sie gerne nach Großbritannien aus. Doktortitel made in England klingen seriös und echt.

Dieser Meinung war auch der deutsche Fabrikant Dieter H. aus dem Ruhrgebiet.

Dieter H. avancierte eines Tages zum Ehrensenator einer deutschen Universität. Die Freude über diese Ehre wurde ihm allerdings schnell vergällt, als die Universität ihre Ehrensenatoren in einer Festschrift namentlich aufführte. Plötzlich mußte er erkennen, daß er der einzige Titellose in diesem erlauchten Kreise war. Der Industrielle kam sich wie der Soldat einer Ehrenkompanie vor, dem plötzlich die Uniformhose samt Unterhose bis unter die Knie rutscht.

Dieses Manko wollte er nun schnell beseitigen. Gute Freunde verrieten ihm die Adresse des »College of Applied Science«. Gegen entsprechende Vorleistungen war man gewillt, den Deutschen zum Ehrendoktor zu promovieren.

Das klang gut.

Der wohlhabende Ruhrgebietler konnte seine Freude über die schnelle Erledigung seiner Angelegenheit nur mühsam unterdrücken. Als er jedoch hörte, daß derartige Institute im allgemeinen ihre Titel nach Versandhausvorbild an den Mann bringen, regte sich in ihm Widerstand. Die deutsche Titel- und Prunksucht brach durch. Dieter H. bestand darauf, den Ehrendoktor in würdigem Rahmen verliehen zu bekommen.

Die »Magnifizenzen« des britischen College staunten nicht

schlecht über das sonderbare Ansinnen des Deutschen. Auf derartige Extravaganzen waren sie nicht eingestellt. Ihr Institut existiert mehr oder weniger nur auf dem Papier. Nicht einmal der höchste Würdenträger des College, der Erzbischof der Altkatholischen Kirche – selbstverständlich von eigenen Gnaden –, konnte die nötigen Räumlichkeiten bereitstellen. Er »residiert« in einem Einfamilienhaus in Sheffield.

Gute Geschäfte läßt man im allgemeinen nicht platzen. Auch wenn sie für einige Beteiligten zusätzliche Unannehmlichkeiten bringen. So war es auch im Fall von Dieter H. Der prunksüchtige Industrielle wurde offiziell zur Verleihung der Ehrendoktorwürde nach London geladen.

Als der gemietete Rolls-Royce mit dem deutschen Titelkäufer vor der angegebenen Adresse eines ehrwürdigen alten Schulgebäudes im vornehmen Londoner Wohnviertel Kensington hielt, schwanden bei Dieter H. die letzten schwachen Zweifel über den Wert des von ihm erworbenen Titels.

In der weitläufigen Aula waren bereits alle Ehrengäste versammelt, als der Gast aus Deutschland das Gebäude betrat. Dezentes Klatschen begrüßte ihn. Um den Erzbischof im vollen Ornat gruppierten sich ordenbehängte Edelleute, eine Äbtissin im schlependen Talar und ein gutes Dutzend weiterer »Würdenträger«.

Der Erzbischof überreichte persönlich das in blaues Leder gebundene Diplom.

Soviel Prunk hatte Dieter H. nicht erwartet. Er revanchierte sich mit einem Empfang für die Ehrengäste im Luxushotel »Dorchester«. Die 30 000 Mark dafür sowie der Preis für die akademische Zierde schienen ihm gut angelegt.

Schließlich konnte er nicht ahnen, daß gleich nach dem Verleihungsakt die Plakette »College of Applied Science« über dem Portal des Schulgebäudes in Kensington durch das Schild »Public School« ersetzt wurde. In diesem Gebäude drückten am nächsten Tag bereits wieder englische Teenager weiblichen Geschlechts die Schulbank. Die Schule war nur für einen Nachmittag gemietet.

Die anwesenden »Würdenträger« ließen sich das aufwendig zubereitete Mahl im Luxushotel noch gut schmecken, bevor sie ihre ungewohnte Kleidung beim Kostümverleih ablieferten.

Nur der deutsche »Ehrendoktor« gefiel sich noch einige Stunden im schwarzen Anzug und dem ledergebundenen Diplom in der Hand. Dann schöpfte seine Frau Verdacht und informierte sich bei der deutschen Botschaft über das »College of Applied Science«.

Ergebnis: Titelfabrik, die selbstverständlich nicht zu den anerkannten Universitäten Englands gehört. Der schmucke Erzbischof schraubte noch vor einigen Jahren an kaputten Fahrzeugen herum. Als er schließlich beschloß, seine Automechanikermontur an den Nagel zu hängen und in den geistlichen Stand überzuwechseln, wollte er nicht noch einmal von unten anfangen. Theologisches Studium und Priesterweihe schenkte er sich kurzerhand. Als Senkrechtstarter katapultierte er sich gleich zum Erzbischof von eigenen Gnaden.

Sollte der Industrielle Dieter H. bis heute noch nicht die Dienste eines seriösen Vermittlers in Anspruch genommen haben, sitzt er immer noch als einziger Titelloser im erlauchten Kreis von ein paar Dutzend Ehrensenatoren einer bekannten deutschen Universität.

ZWEITES BUCH

Consuln

Consulweihe

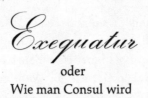

Exequatur

oder

Wie man Consul wird

Die meisten consularischen Vertretungen sind in Hamburg ansässig. Etwa 70–80. Düsseldorf steht an zweiter Stelle. Verhältnismäßig bescheiden nimmt sich dagegen Deutschlands heimliche Hauptstadt München aus. Nur 40 Berufs- und Wahlconsuln residieren im Schatten des Hofbräuhauses. Insgesamt unterhalten weit über 100 Länder in der Bundesrepublik diplomatische Vertretungen. Im Durchschnitt kommen auf ein Bundesland ein bis drei consularische Vertretungen.

Man möchte nun meinen, große Länder, wie Amerika, würden die meisten Consulate unterhalten. Mitnichten. Es sind oft die kleinen Staaten, die in allen Landeshauptstädten und zum Teil auch noch in kleineren Städten Consulate errichtet haben. Zum Beispiel sind die Vereinigten Staaten in dem vom Auswärtigen Amt 1970 herausgegebenen Handbuch der ›Consularischen Vertretungen in der Bundesrepublik Deutschland und im Land Berlin‹ mit acht Vertretungen aufgeführt, das kleine Land Peru dagegen mit vierzehn. Allein in Bayern hat sich der südamerikanische Staat gleich dreimal consularisch etabliert: in München, in Regensburg und in Nürnberg.

Normalerweise werden Consulate nur am Sitz der Landesregierungen eröffnet. Über die Zulassung von weiteren Consulaten in anderen Städten wird nach Zweckmäßigkeits-Gesichtspunkten entschieden. So jedenfalls sieht die Amtspraxis nach Auskunft eines Protokollbeamten aus.

Wenn nun die Botschaft eines ausländischen Staates beabsichtigt, etwa in Bayern ein Wahlconsulat zu errichten, so sind zwei Möglichkeiten der Abwicklung möglich.

1. Über das Auswärtige Amt wird nachgefragt, welche Persönlichkeiten in Betracht kommen. Bayern stellt dann zusammen mit den Gremien von Industrie und Handel eine Liste der in Frage kommenden Persönlichkeiten auf.

2. Die Botschaft ermittelt eine für sie bzw. ihr Land geeignete Persönlichkeit. In diesem Fall wird die Protokollabteilung der bayerischen Staatsregierung prüfen, ob der Vorgeschlagene geeignet ist. Entscheidend dafür sind seine persönliche Integrität und die Fähigkeit, für das Land im Sinne der Wirtschaftsbeziehungen nützlich tätig zu werden. Die Etablierung jeder consularischen Tätigkeit bedarf nach internationalen Gepflogenheiten und nach dem Völkerrecht der Zustimmung des Empfangsstaates Deutschland. In der Praxis sieht das so aus: Ein Land X bittet, für Bayern mit Sitz in München als Consul Herrn Y zuzulassen. Daraufhin wendet sich das Auswärtige Amt an die bayerische Staatsregierung und bittet formell um die Zustimmung. Sobald diese Zustimmung eintrifft, erteilt das Auswärtige Amt im Namen der Bundesregierung das Exequatur. Erst jetzt darf der Consul seinen Dienst in München antreten und eine consularische Vertretung einrichten. Er genießt dann alle Vorrechte, die für die Durchführung seines Amtes als Consul notwendig sind.

Dies alles geschieht ohne große Zeremonien. Der neue Consul wird sich lediglich beim Ministerpräsidenten und beim Oberbürgermeister zu einem kurzen Antrittsbesuch anmelden und sich ebenfalls mit den leitenden Beamten der Staatskanzlei bekannt machen.

Provinz-Consuln

Brotfabrikant Emanuel W. geht im Salon seiner Luxus-
villa wütend auf und ab.

»Ich werde es dieser aufgeblasenen Bande heimzahlen!«
brüllt er unbeherrscht und stürzt ein Glas Sekt hinunter.

Frau Edeltraud W. sitzt zusammengesunken in einem Sessel der Clubecke und starrt vor sich hin.

»Bitte, Emanuel! Denke an das Personal.«

Im Speisezimmer nebenan räumen Lohndiener, Stuben-
mädchen und Köchin die fast unbenutzte Festtafel ab.

Geschirrklappern und unterdrücktes Kichern.

Emanuel W. geht zur Verbindungstür und schiebt sie ge-
räuschvoll zu.

»Eine schreckliche Blamage ...«, sagt Frau Edeltraud leise
vor sich hin.

»Hast du eine Erklärung dafür, daß von vierundzwanzig
geladenen Honoratioren der Stadt nur zwei Leute erschienen sind?«

»Du weißt, daß wir über den Kreis deiner Geschäfts-
freunde hinaus nie gesellschaftlichen Kontakt hatten.
Warum sollte das mit der Einweihung des neuen Hauses
anders werden? Ich habe dich ja gewarnt.«

Emanuel W. bleibt abrupt stehen. Sein silberhaariger
Bulldoggenkopf ist hochrot.

»Also will man uns boykottieren!«

»Das glaube ich nicht, aber wir sind diesen Leuten einfach nicht so wichtig. Schließlich gibt es ein paar Dutzend vermögende Fabrikanten am Ort, und das ist eben noch keine Eintrittskarte in die Gesellschaft. Wir brauchen die High-Society nicht, warum legst du eigentlich so großen Wert auf den Verkehr mit diesem Kreis?«

»Weil Beziehungen das halbe Geschäftsleben sind.«

»Während unserer Aufbaujahre hast du anders darüber gedacht.«

»Das war auch eine andere Situation. Jetzt gehöre ich zu den sieben größten Steuerzahlern der Stadt, und wenn ich das bleiben will, brauche ich Einfluß.«

Frau Edeltraud seufzt.

»Ich finde, es wird in letzter Zeit alles so kompliziert, Emanuel. Können wir nicht mit dem zufrieden sein, was wir haben?«

Emanuel W. macht eine ärgerliche Handbewegung.

»Das verstehst du nicht.«

Am nächsten Morgen ist Direktionsbesprechung.

Es geht um die Errichtung eines zentral gelegenen großen Auslieferungslagers der Brotwerke.

Der Architekt tritt von der Demonstrationstafel zurück und wendet sich an den Chef.

»Wie Sie sich überzeugen konnten, ist alles vorbereitet, Herr W., wir könnten mit den Arbeiten in ein bis zwei Wochen anfangen. Voraussetzung ist nur noch, daß sich die Stadt entschließt, uns das Gelände zu verkaufen oder wenigstens langfristig zu verpachten.«

Der Prokurist klopft mit dem Kugelschreiber auf die Tischplatte.

»Man hört unterderhand, daß sich die Atlas-Werke um

das gleiche Gelände bemühen und deren Generaldirektor hat sehr gute Verbindungen.«

Emanuel W. fährt ärgerlich auf.

»Das weiß ich und es ist mir auch klar, wie lebenswichtig dieser einzige im Zentrum verfügbare Platz für unsere Warenverteilung ist. Aber ich kann nicht zaubern, meine Herren!«

Der Architekt lächelt beziehungsvoll.

»Bei so großen Objekten muß man aber manchmal etwas zaubern können, Herr W. Haben Sie denn keine einschlägigen Beziehungen?«

»So einfach ist das alles nicht. Aber ich werde mich mit Nachdruck darum kümmern.«

»Wenn wir in spätestens acht Wochen mit den Bauarbeiten anfangen können, werden wir bis Jahresende fertig.«

Emanuel W. fährt sich über die Stirn.

»Das muß auf jeden Fall gelingen. Koste es, was es wolle!«

Während die Herren aufbrechen, greift er zum Telefon.

»Mit Public Relations kann man viel machen, Herr W., aber das kostet dann auch viel Geld.«

»Habe ich nicht anders erwartet!«

Der kleine schmächtige Herr hinter dem großen Schreibtisch rückt an seiner Goldbrille und sieht den Brotfabrikanten freundlich an.

»In Ihrem Fall kann ich nur wirksam helfen, wenn wir außergewöhnliche Wege gehen. Ich bin darauf spezialisiert, Persönlichkeiten aufzubauen und habe bei Wirtschaftlern wie Politikern sehr schöne Erfolge erzielt. Aber ein paar Wochen sind wenig Zeit.«

»Welche Möglichkeiten sehen Sie, Herr Doktor?«

»Sie könnten natürlich eine große Spende machen, zum Beispiel für einen Kinderhort. Den Scheck könnten Sie dem Oberbürgermeister übergeben, dazu hole ich Presse und Fotografen. Anschließend laden Sie alle wichtigen Leute zu einem kalten Buffet. Man wird dann mit Sicherheit kommen.«

»Wie hoch müßte der Scheck ausfallen?«

»Ich denke an eine halbe Million.«

»So?«

»Sie könnten ja mit der Spende die Bedingung verbinden, daß Sie Vorsitzender des Stiftungs-Kuratoriums werden.«

»Und was habe ich davon?«

»Gesellschaftliche Kontakte, Ansehen, Respekt. Also ein Image als Mäzen. Das öffnet Ihnen viele Türen.«

»Sie meinen, daß man mich daraufhin in der Grundstückssache bevorzugt behandelt?«

»Es wäre denkbar. Dabei kommt es natürlich auf Ihre Geschicklichkeit an.«

»Eine halbe Million für ein Zufallsspiel!«

»Für einen Start. Sie können dem von Ihnen gegründeten und geleiteten Kuratorium jährlich steuerabzugsfähige Spenden machen. Man wird das nicht übersehen, man wird Sie bei gebefreudiger Laune halten wollen.«

Emanuel W. wird es heiß.

»Ich fürchte, das ist mir im Laufe der Zeit doch etwas zu teuer. Gibt es keine anderen Wege?«

Der kleine Herr hinter dem großen Schreibtisch lächelt fein. »Es gibt immer Wege. Wollen Sie nur Ihr Projekt mit dem Erweiterungsbau durchpauken, oder suchen Sie Dauerkontakte zur lokalen Gesellschaft?«

Emanuel W. denkt an die Blamage seiner verschmähten Einladung und schlägt mit der Faust auf die Sessellehne.

»An beides, aber ich habe keine Lust, in diesem Kreis nur als neureicher Mäzen geduldet zu werden.«

»Also echte Würden, die niemand übersehen kann.«

Eine nachdenkliche Pause.

»Ich glaube, das ließe sich zum gleichen Preis machen.«

Er greift zum Telefonhörer.

»Verbinden Sie mich mit Herrn Weyer in Feldafing.«

Dann wieder ein abschätzender Blick auf den Brotfabrikanten.

»Hätten Sie Lust, Consul zu werden?«

Emanuel W. ist etwas ratlos.

»Consul?«

»Ja. Es gibt da gewisse Möglichkeiten um die hunderttausend Mark. Sie würden Angehöriger des Consularischen Corps und sind damit ein gesellschaftlicher Faktor, den man nicht ignorieren kann. Wenn Sie das mit einem gezielten, aber etwas sparsameren Mäzenatentum verbinden, kann eigentlich nichts schiefgehen.«

»Und das geht so ohne weiteres?« fragt Emanuel W. skeptisch.

»Ich denke, schon.«

Das Telefon schnarrt.

»Guten Tag, Herr Weyer! Ich hätte da eine ganz dringende Sache, in der Sie vielleicht helfen können...«

Emanuel W. sitzt im Roten Salon dem Schönen Consul gegenüber und fühlt sich etwas bedrückt.

»Ich muß Sie darauf aufmerksam machen, daß Sie für die Abwicklung der consularischen Geschäfte einen Mitarbeiter brauchen, der das Metier beherrscht.«

Weyer sagt es leichthin, dann senkt er die Stimme wohldosiert. »Daneben gibt es natürlich gesellschaftliche Verpflichtungen, die Ihnen niemand abnehmen kann.«

»Selbstverständlich, Herr Consul.«

»Gut. Ihre Unterlagen habe ich. Zum Geschäftlichen wäre noch zu sagen, daß ich in Anbetracht der Eile Ihrer Sache persönlich nach Südamerika fliegen muß. Die Spesen gehen selbstverständlich zusätzlich zu Ihren Lasten.«

Der Brotfabrikant nickt.

»Vielen Dank, daß Sie sich die Mühe machen wollen. Soll ich vielleicht lieber mitkommen, um mich vorzustellen?«

Weyer wehrt amüsiert ab.

»Nein, lieber nicht. Solche Verhandlungen mit meinem Freund, dem Präsidenten, mache ich lieber allein. Er und seine Regierung verlassen sich da ganz auf mich.«

Weyer geht zum Schreibtisch.

»Das wäre es. Wenn Sie jetzt noch die Anzahlung hinterlegen wollen . . .«

Eilfertig kramt der Brotfabrikant in der Brieftasche.

»Einen Verrechnungsscheck?«

»Barscheck ist mir bei kleineren Beträgen lieber.«

Respektvoll sieht Emanuel W. auf, dann schreibt er das Formular aus.

»Ich hoffe, daß die Spesen damit auch gedeckt sind.«

Weyer wirft einen flüchtigen Blick auf den Scheck, dann nickt er freundlich.

»Ah – Sie bezahlen heute gleich die ganze Sache? Na, ausgezeichnet. Ich werde morgen fliegen.«

Bei der Verabschiedung zögert der Besucher unter der Tür noch einen Augenblick.

»Sie haben die Quittung vergessen, Herr Consul.«

Weyer lacht.

»Nein, das habe ich nicht vergessen! Quittungen gibt es bei mir nicht . . .«

Fünf Wochen später im Public-Relations-Büro.

Der kleine schmächtige Herr hinter dem großen Schreibtisch streckt seinem Besucher strahlend die Hand entgegen.

»Gratuliere, Herr Consul!«

Emanuel W. sieht ihn erwartungsvoll an.

»Wollen Sie damit sagen, daß die Ernennung schon erfolgt ist?«

»Genau das! Hier ist die Urkunde, vom Staatspräsidenten und dem Außenminister unterschrieben.«

Der Brotfabrikant betrachtet das großformatige Dokument ergriffen und liest zwischen dem spanischen Text immer wieder seinen Namen.

Dann gibt er sich einen inneren Ruck.

»Ausgezeichnet. Und was soll nun geschehen?«

»Das wollte ich mit Ihnen besprechen. Wir müssen sofort dafür sorgen, daß Sie das Exequatur erhalten.«

»Und wie geht das vor sich?«

»Am besten machen Sie dem Protokollchef der Landesregierung einen Besuch, stellen sich als neuernannter Consul vor und bitten um möglichst baldige Weiterleitung nach Bonn. Dann geht alles seinen Amtsweg. Man wird Sie natürlich fragen, wie die Ernennung zustande gekommen ist.«

»Ich werde auf Herrn Weyers Bemühungen verweisen.«

»Um Gottes willen! Kein Wort darüber...«

»Ist die Sache denn nicht korrekt?«

»Herr Weyer hat Ihnen bei der Regierung des Entsendelandes die Ernennung zum Consul besorgt. Aber zur Ausübung der consularischen Tätigkeit in der Bundesrepublik gehört das Exequatur der Bundesregierung, das über die Protokollabteilung der Landesregierung erteilt wird. Diese Anerkennung wird versagt, wenn sogenannte Titelhändler im Spiel sind. Herr Weyer ist für solche Geschäfte bekannt, also kein Wort über ihn.«

»Und wie bin ich dann zu der Ehre gekommen?«

»Niemand hat etwas dagegen einzuwenden, wenn Sie

einem befreundeten Land einen Dienst erweisen, dort persona grata werden und deshalb dieses Land in Ihrer Heimat consularisch vertreten sollen.«

»Aber das ist doch auch ein geschäftlicher Hintergrund!«

»Sicher, allerdings auf anderer Ebene. Man muß eben die Spielregeln einhalten.«

Der Brotfabrikant schüttelt den Kopf.

»Sehr kompliziert!«

Der kleine Mann hinter dem großen Schreibtisch lächelt. »Wir werden es noch etwas mehr komplizieren müssen. Sie bieten jetzt zunächst dem Oberbürgermeister Ihre auf vierhunderttausend Mark reduzierte Spende für die Gründung eines Kuratoriums ›Kinderhort‹ an, dessen Vorsitz Sie zu übernehmen bereit sind. Gleichzeitig bitten Sie das Stadtoberhaupt um Übernahme des Protektorats. Das teilen Sie auch der Staatskanzlei mit. Ich werde dann die Lokalpresse zusammentrommeln und dafür sorgen, daß Ihre hochherzige Initiative gebührend gelobt wird. Erst einige Tage später beantragen Sie das Exequatur. Man wird es einem so verdienten Bürger nicht verweigern.«

Emanuel W. grinst anerkennend.

»Alle Achtung vor Ihrer Raffinesse!«

»Es ist nichts als die sinnvolle Anwendung der bundesdeutschen Realitäten.«

»Hoffentlich mache ich bei der ganzen Sache keinen Fehler«, seufzte der Brotfabrikant, dem die Sache über den Kopf zu wachsen beginnt.

»Als neugebackener Consul können Sie sich keine Fehler mehr leisten!« lacht der kleine Mann und reicht Emanuel W. verabschiedend die Hand.

»Machen Sie sich darüber keine Sorgen, Herr Consul. Mein Büro wird Ihnen selbstverständlich bei allen Schritten behilflich sein. Das gehört zum Service . . .«

Fünf Wochen später.

An einem Freitag vormittag findet im großen Saal des Rathauses eine Feierstunde statt.

Es geht um die offizielle Gründung des Kuratoriums »Alles für das Kind« unter dem Protektorat des Herrn Oberbürgermeisters.

In der ersten Reihe sitzt mit gespannter Nervosität Emanuel W. Er hört nur mit halbem Ohr von der großen Aufgabe, die dem Kuratorium bevorsteht. Seine Gedanken kreisen um das immer noch ausstehende Exequatur, und er fragt sich zum dutzendsten Mal, ob er den Vertreter der Staatsregierung nach dem Festakt darauf ansprechen soll. Elfmal hat er den Gedanken schon verworfen.

Da elektrisiert ihn ein Wort des Stadtoberhauptes.

»... und so freuen wir uns alle, daß ein verdienstvoller Mitbürger, Herr Consul W., die Initiative ergriffen hat, die schon längst fällig war. Solche Männer braucht unsere Stadt und ich möchte ihn schon hier und heute im Namen aller Kuratoriums-Mitglieder bitten, das an führender Stelle verwirklichen zu helfen, was durch sein vorbildlich sozialbewußtes Verhalten einen so vielversprechenden Anfang genommen hat.«

Lebhafter Beifall.

Fotografen blitzen, Hände werden Emanuel W. entgegengestreckt. Der Oberbürgermeister kommt auf ihn zu und schüttelt ihm die Rechte.

Dem spontan geehrten Brotfabrikanten treten die Tränen in die Augen.

Das ist seine große Stunde.

Wie benommen erkennt er erst im letzten Augenblick den Protokollchef der Staatsregierung.

»Herr Consul, ich darf Ihnen herzlich gratulieren!«

»Wollen Sie damit sagen...«

»Inoffiziell schon jetzt, offiziell übermorgen. Ich freue mich mit Ihnen.«

Consul Emanuel W. ist im siebenten Himmel.

Zwölf Monate später wird das neue Auslieferungslager der Brotwerke seiner Bestimmung übergeben.

Bei der Einweihungsfeier sieht Consul W. gelassen auf die Reihe der Ehrengäste, die seiner Einladung gefolgt sind. Keiner hat abgesagt.

Bei dem anschließenden Festessen übergibt er als Vorsitzender dem Finanzverwalter des Kuratoriums offiziell einen Spendenscheck über eine Viertelmillion als Grundstein für den zweiten Kinderhort.

Dieser Kinderhort soll den Namen seiner Frau tragen.

Er macht diese großzügige Geste gern und mit neu erworbener Noblesse.

Wenn er in seinem großen schwarzen Wagen mit dem CC-Schild durch die Stadt fährt, freut er sich über die achtungsvolle Freundlichkeit der Leute.

Ein Jahr der neuen Würden hat ihn völlig von seiner eigenen Bedeutung überzeugt.

Erfolgreiche Männer blicken nicht rückwärts.

Hundesteuerbefreiung

oder
Die besonderen Rechte der Consuln

Wenn in Hamburg ein Straßenkehrer über die vielen kleinen Häufchen auf den Gehsteigen wettert, tut er dies eigentlich zu Unrecht. Denn: Hamburgs Hundehalter bezahlen ja indirekt über die Steuer für ihre vierbeinigen Freunde auch das Gehalt des grauuniformierten Mannes mit dem großen Kehrbesen.

Der Hamburger Straßenkehrer kann allerdings alle möglichen Schimpfwörter über die Straße brüllen, wenn die beanstandeten Häufchen von einem Vierbeiner gesetzt wurden, dessen Herr oder Frauchen am anderen Ende der Leine einen Diplomatenpaß in der Tasche trägt. Nach dem Hundesteuergesetz vom November 1950 wird die Hundesteuer auf Antrag nicht für Hunde von Ausländern erhoben, denen nach völkerrechtlichen Grundsätzen oder Staatsverträgen Steuerfreiheit zusteht.

Consuln genießen in Deutschland und selbstverständlich auch im Ausland viele Rechte, die gewöhnlichen Bürgern versagt bleiben. Zum Beispiel Immunität für die Durchführung ihres Amtes. Dieses Recht gestattet ihnen unter anderem, als ertappter Verkehrssünder einen Polizisten mit dem Vorzeigen des Diplomatenpasses am Ausschreiben einer hohen Ordnungsstrafe zu hindern. Einzige Voraussetzung: Der Consul muß nachweisen, daß er sich gerade auf einer Dienstfahrt befindet. Und das dürfte ihm ja nicht schwerfallen.

Ähnlich wie die Räumlichkeiten diplomatischer Vertretungen sind auch die consularischen unverletzlich. Daraus ergibt sich für die zuständigen deutschen Organe die Aufgabe, Consulatsräume vor jedem gewaltsamen Eindringen und vor jeder Beschädigung zu schützen. Nicht einmal die Polizei hat ohne Zustimmung des Leiters der consularischen Vertretung Zugang zu den Räumen, die nur für dienstliche Zwecke benutzt werden.

Auch braucht sich ein Consul nicht wegen ein paar Gramm vermuteten Haschischs von Grenzbeamten auf den Kopf stellen zu lassen. Sein Diplomatenpaß gilt an den Grenzen als Freibrief. Während seines Aufenthaltes in der Bundesrepublik gestatten ihm die zuständigen Behörden, Waren zum amtlichen und persönlichen Gebrauch zollfrei einzuführen.

Ein großer Teil dieser angenehmen Lebensumstände steht allerdings einem Wahlconsul nicht zur Verfügung. Der Wahlconsul ist ja meist deutscher Staatsangehöriger und versieht in vielen Fällen sein Amt ehrenhalber. Nur eine verschwindend geringe Zahl von Staaten behandeln ihre Wahlconsuln ähnlich wie ihre Berufsconsuln. Sie stellen ihnen Büromaterial, Möbel und andere wichtige Dinge zur Unterhaltung des Consulats zur Verfügung. Ein Gehalt für Wahlconsuln ist sowieso nicht vorgesehen. Mit anderen Worten: Ohne Geld läßt sich schwer ein Wahlconsulat unterhalten.

Für all die finanziellen Opfer stehen dem Wahlconsul verhältnismäßig wenige Privilegien zu. Er haftet sogar oft noch für Verletzungen seiner Amtspflicht. Die Ausübung seines Amtes erleichtert ihm auch kein Diplomatenpaß. Die Senats- oder Staatskanzlei des zuständigen Bundeslandes stellt ihm lediglich einen Ausweis aus, der seine Tätigkeit als Consul für ein bestimmtes Land ersichtlich macht. Damit kann er weder den Steuerbehörden noch dem Zoll ein Schnippchen schlagen. Man wird ihn trotzdem zur Kasse bitten.

Geschäftliche Erfolge und gesellschaftliches Ansehen erwarten viele Wahlconsuln von ihrem Amt. Dafür sind sie auch zu finanziellen Opfern bereit. Sie lohnen sich. Auch wenn sich dafür nur wenige Privilegien eintauschen lassen. Zum Beispiel: das ›CC‹-Schild am Fahrzeug, das ovale Consulatsschild an der Hauswand, die Flagge des Entsendestaates vor dem Haus und ein Ausweis mit dem Vermerk ›Consul‹.

Damit läßt sich doch bereits einiges erreichen: Ein immer kreditfreudiger Bankdirektor, ein bücklingmachender Türsteher, ein schnell arbeitender Beamter, ein Handwerker, der auch wirklich seine Zusagen hält, ein überfreundlicher Hotelportier, ein Platz auf allen Partylisten und mild gestimmte Polizisten. Meist genügt dazu bereits das ›CC‹-Schild am Wagen.

Konjunktur-Ritter

oder

Wie man den gegnerischen Marktanteil
mit psychologischer Kriegsführung attackiert

DIESE GESCHICHTE

sollte eigentlich nicht geschrieben werden.

Sie könnte Ärger geben. Alle Beteiligten sind Millionäre,
und jeder von ihnen hat seinen Anwalt zur Verhinderung
von Image-Schäden.

Das beste Mittel für ein ungetrübtes Persönlichkeitsbild
wäre, danach zu leben und zu handeln.

Aber das ist wohl zu einfach, solange es die Möglichkeit
einstweiliger Verfügungen gibt.

Solche richterlichen Bremsen sind allerdings manchmal ein
Roulette-Spiel um die Auswirkungen der Wahrheit.

Sie können eine Sache unter den Tisch fegen, öfter lösen
sie das Gegenteil aus.

DIESE GESCHICHTE

ist unter juristischer Aufsicht formuliert worden.

Alle Hinweise auf die Identität der prominenten Beteiligten wurden sorgfältig vermieden, aber die Retusche bezieht sich nur auf Namen, Branchen, Orte. Nicht auf die
Begebenheiten.

Sollte das bei Lesern mit Kombinationsgabe und gutem
Gedächtnis nichts nutzen, werden sich die Hauptpersonen
damit abfinden müssen. Wer das Risiko öffentlicher Kritik

Häuptlingswürden

eingeht, kann sich gegen die Folgen nur bedingt absichern. Daran können auch die besten Anwälte nichts ändern.

DIESE GESCHICHTE

aus den Erlebnissen des Hans Hermann Weyer kann nicht verschwiegen werden. Die bundesdeutsche Titelsucht wäre sonst unvollständig dokumentiert.

GENTLEMEN UNTER SICH

Zwei Gentlemen haben eine Idee.

Es geht darum, einen dritten Gentleman mit der gefährlichsten Waffe zu schlagen, die der Konkurrenzkampf kennt.

Mit der Lächerlichkeit vor Freunden und Feinden.

Der Plan wird in einem Snobiety-Restaurant bei Champagner und Austern geboren.

Er erscheint den Herren so gut, daß sie keine Zeit versäumen wollen, ihn zu verwirklichen.

Zu später Stunde prostet Fabrikant X dem Schönen Consul zu. »Ich hätte da ein kleines Geschäft für Sie –«

Weyer hört das gern, kleine Geschäfte mit Millionären sind immer ein gutes Thema. Aber er bleibt bei den Spielregeln seines Metiers und zeigt nicht mehr als höflich-gelangweiltes Interesse.

»Wenn Sie meinen –«

»Es geht darum, einen Bekannten möglichst schnell zum Consul zu machen.«

»Um wen handelt es sich?«

»Um meinen Konkurrenten Y.«

Weyer ist verblüfft.

Er weiß, dieser Mann ist der zweitstärkste auf dem Markt, und sein härtester Rivale hat nicht den geringsten Grund, ihm einen Gefallen zu erweisen.

»Sind Sie neuerdings miteinander befreundet?« fragt Weyer vorsichtig.

Bei diesen Industriebossen kann man nie wissen.

»Im Gegenteil!«

»Dann verstehe ich wirklich nicht!«

Der zweite Gentleman, Spezialist für Public Relations, mischt sich ein.

»Wir werden diesen Herrn durch einen gemeinsamen Bekannten wissen lassen, daß Herr X demnächst Consul wird. Wie wir Herrn Y kennen, wird er nichts unversucht lassen, schnellstens gleiche Würden zu erlangen. Also wird er mit Ihnen Kontakt suchen, und alles Weitere ergibt sich von selbst.«

»Und wo liegt da Ihr Interesse?« bleibt Weyer skeptisch.

Fabrikant X lacht genüßlich, während er sein Glas absetzt.

»Ich möchte ein möglichst feierliches Foto mit Ihnen und diesem Consul-Aspiranten für die Titelseite meiner Hauszeitung.«

Jetzt endlich sieht Weyer klar.

»Das wird allerdings nicht billig sein. Sie übernehmen alle Kosten?«

Man einigt sich auf eine sechsstellige Summe.

Am nächsten Morgen ruft Weyer die für Fabrikant Y zuständige Industrie- und Handelskammer an. »Ich suche in Ihrem Gebiet einen Honorarconsul für ein Land des Mittelmeerraumes. Er soll Fabrikant sein, wenigstens 150 Millionen Umsatz haben –«

»Da kommt bei uns nur einer in Frage, Fabrikant Y!«

»Aha, sehr schön. Vielen Dank für die Auskunft.«

Genau das wollte Weyer hören, und er ist sicher, dem Fabrikanten Y wird in den nächsten Minuten ein vertraulicher Tip durchgesagt.

Die Weichen sind gestellt.

In diesem Geschäft ist es üblich, die Weichenstellung doppelt abzusichern, und so wird ein Freund des Fabrikanten Y, ebenfalls Weyer-Kunde in Sachen consularischer Würden, zum Stellwerksgehilfen.

Für einen Rabattsatz auf der eigenen Titel-Rechnung berichtet er seinem Freund, dem Fabrikanten Y, von seiner eigenen Erhebung ins Consularische Corps und legt einen unwiderstehlichen Köder aus.

»Ich habe gehört, daß man Ihnen die gleiche Möglichkeit bieten will. Consul Weyer ist gerade bei mir, er möchte Sie in diesem Zusammenhang gern sprechen. Können Sie jetzt gleich zu mir kommen?«

Fabrikant Y konnte natürlich.

Im Patrizierhaus des gemeinsamen Freundes wartet Weyer in Begleitung seines Hauspopen und eines Fotografen. An der Wand des Salons steht ein riesiges Schwert bereit, das schon Zeuge mittelalterlicher Ritterschläge geworden war.

Fabrikant Y betritt den Raum in freudiger Erwartung und wird nicht enttäuscht.

In wenigen Wochen schon soll ein consularisches Wappen sein Haus zieren und der entscheidende Schritt von der Geldaristokratie zur verbrieften High Society getan sein.

Über die Bedingungen ist man sich schnell einig. Was ist schon Geld wert, wenn es um solche Ehren geht.

Etwas ratlos betrachtet er nur die feierliche Erscheinung des Popen, wagt aber nicht, nach den Zusammenhängen zu fragen. Der Schöne Consul nimmt ihm diese Verlegenheit ab.

»Der Staatspräsident ist es gewöhnt, Consulatsanwärter

zunächst auf einem Foto in Augenschein zu nehmen. Die Aufnahmen sind dann gleichzeitig für die öffentliche Vorstellung in der Presse des Landes gedacht, sie sollen also bereits das Ritual der Ernennung zeigen. Ich habe dafür einen Fotografen bestellt, Sie haben doch nichts dagegen?« Fabrikant Y wäre nie auf den Gedanken gekommen, etwas gegen den Wunsch des Staatspräsidenten zu haben.

So wird also der in einem Nebenraum wartende Fotograf gerufen, und die feierliche Prozedur beginnt.

Fabrikant Y sitzt in würdiger Positur in einem Sessel, neben ihm steht Weyer, der das Schwert über die Schulter des Aspiranten erhebt. Zur anderen Seite hat sich der Pope mit gefalteten Händen aufgestellt und betet leise vor sich hin. Es ist alles so feierlich, daß dem Fabrikanten Y die Augen feucht werden.

Der Fotograf knipst die Szene einige dutzendmal.

Nach der Zeremonie herrscht gehobene Stimmung.

Sie überträgt sich offensichtlich auch auf Weyers Hauspopen, der plötzlich gegen die ständige Verabreichung von Orangensaft protestiert und endlich einen handfesten Drink sehen möchte. Entgegen den Geboten der Abstinenz.

Erstarrte Verlegenheit von allen Seiten, aber der Schöne Consul ist der Situation gewachsen.

»Eminenz ist stark erkältet, und in dem Zustand ist Alkohol Medizin.«

Befreiendes Lächeln über das Menschliche in Eminenz wird der Auftakt zu einem beflügelten Ausklang des ereignisreichen Abends.

Am nächsten Morgen erhält Weyer eine Hiobsbotschaft. Der Fotograf gesteht bedrückt, daß alle Fotos mißlungen seien. Weyer sieht für einen Augenblick die Früchte seiner eleganten Regie in Gefahr, denn diese Fotos sind die Grundlage für ein sechsstelliges Honorar seines Auftraggebers X.

Aber dann stellt er sich mit Nonchalance auf die Situation ein und greift zum Telefonhörer.

»Leider ist etwas schiefgegangen, Herr Y, die Fotos von gestern abend haben nicht die erforderliche Qualität. Ich muß Sie deshalb bitten, mich heute noch zu empfangen. Wir wiederholen die Aufnahmen, und ich habe bei dieser Gelegenheit gleichzeitig das Vergnügen, Ihr Haus kennenzulernen. Schließlich weiß man immer gern, wie die Räumlichkeiten eines künftigen Consulatsträgers aussehen –«

Fabrikant Y ist sofort freudig bereit und weiß die Ehre zu schätzen.

Der Schöne Consul erscheint im Gefolge seines Hauspopen, zweier Chauffeure, eines Dolmetschers und eines anderen Fotografen.

Der künftige Consul zeigt sich seiner Aufgabe gewachsen und hat alles aufgeboten, die Abordnung mit gesellschaftlichem Glanz zu überschütten.

Nach einem opulenten Essen bittet der Hausherr in einen sechzig Quadratmeter großen Salon, der den Eindruck macht, hier walte ein Großwildjäger seiner gesellschaftlichen Verpflichtungen. Selbst Weyer ist beeindruckt.

Wieder wird die feierliche Zeremonie gestellt.

Aber diesmal hat der Hausherr einen klareren Blick für die Details und erkundigt sich, wozu das Schwert eigentlich nötig sei.

»Es gehört zum Ritus und es bringt Glück!« erklärt Weyer knapp und nicht ohne hintergründigen Doppelsinn. Dann hebt er sein mittelalterliches Requisit über die Schulter des

Hausherrn, Eminenz faltet die Hände und murmelt ebenso feierliche wie unverständliche Worte.

Die Fotoapparate klicken.

Während Weyer in Kamerapositur steht, überlegt er, ob er die Szene nicht noch einmal mit einem knienden Fabrikanten Y wiederholen soll, der den Schwertstreich in demutsvoller Haltung entgegennimmt.

An Regieeinfällen ist er nie verlegen. Das bestätigt sich auch diesmal wieder, denn in diesem Augenblick entdeckt er an der gegenüberliegenden Wand des Salons ein riesiges Geweih in knapp zwei Meter Höhe. Es hängt gerade richtig, um einen Mann darunterzustellen.

Man müßte dann den Eindruck haben, das Geweih kröne sein Haupt. Dieser Gedanke beflügelt ihn zu einer Improvisation.

»Wir sollten vorn im helleren Licht noch einige Aufnahmen machen, sicherheitshalber –«, meint er, und bevor der Hausherr sich der Szene bewußt wird, steht er schon unter dem Geweih.

Eine kurze Anweisung an den Fotografen.

Die Kameras klicken.

»Großartig, vielen Dank!« beendet Weyer die Prozedur und geleitet den Fabrikanten unauffällig aus der Position.

Es wird noch ein glänzender Abend, der einen hochzufriedenen Gastgeber zurückläßt, als die Abordnung endlich aufbricht.

Einige Wochen später wandelt sich diese Zufriedenheit des Fabrikanten Y abrupt in Wut und Empörung.

Das geschieht an einem Morgen, an dem ihm die Hauszeitung seines Konkurrenten X auf den Schreibtisch gelegt wird. Die Sekretärin verläßt das Zimmer schnell, bevor Herr Y sein Konterfei auf der Titelseite entdeckt hat.

Aber es kommt noch schlimmer.

Sein Gegenspieler X sorgt dafür, daß die Fotos in der Tagespresse erscheinen, und Weyer setzt dieser zweifelhaften Popularität mit Veröffentlichungen in einer millionenfach gelesenen Illustrierten die Krone auf.

Der so ›geweihte‹ Consul-Anwärter wagt sich wochenlang nicht mehr unter Menschen.

Dann bekommen die Rechtsanwälte zu tun.

Es gibt endlose Prozesse um Beleidigung und Schmerzensgeld. Herr Y verzichtet auf die Ehre, Consul zu werden, und erbittert sich bei dem Gedanken, daß die Lacher auf seiten seines Erzkonkurrenten sind.

Für den Fabrikanten X hat sich die Investition einer Viertelmillion gelohnt, denn seine Popularität steigt seit diesem Coup sprunghaft. Sein Umsatz ebenso.

Nichts ist eben in Wirtschaftskreisen so schlimm und gefährlich, als öffentlich ausgespielt zu werden.

Es gibt kein Mitleid für den Verlierer.

Consulhandel

oder
Das große Geschäft aus dem Urwald

Offiziell gibt es ihn nicht, den Handel mit Consultiteln. Clevere Vermittler lassen allerdings durchsickern, an diesen exklusiven Geschäften auf internationaler Ebene ganz gut zu verdienen. Weyer behauptet zum Beispiel, daß einige junge afrikanische Staaten öfters ihre Consulate via Vermittler an den Mann bringen wollen. Doch sollen sie nicht die einzigen sein, die diese kleine Einnahmequelle gerne ausschöpfen.

Die zuständigen Behörden achten allerdings streng darauf, daß diese Geschäfte niemandem zu Gewinnen oder Consulswürden verhelfen. So zum Beispiel der Protokollchef der bayerischen Staatsregierung, Dr. Huber: »Eine der Hauptaufgaben der Staatskanzlei in diesem Bereich ist die Ansehenswahrung des Consularcorps. Das ist nur dann möglich, wenn allen Interessierten klar ist, daß finanzielle Mittel oder Vermittlungen in solchen Fällen nicht in Erscheinung getreten sein dürfen. Deswegen stellen wir hier an jeden Interessierten die Frage, ob Mittel an Vermittler oder sonstige Personen gegeben worden sind. Wir haben hier in Bayern bereits zweimal das Exequatur entziehen lassen, da uns später bekannt wurde: der Betreffende hatte diese Frage wahrheitswidrig beantwortet. Wir legen hier auch Listen auf, aus denen ich ablesen kann, welche

Persönlichkeiten bereits an Vermittler Geld gegeben haben.«

Der bayerische Protokollchef gibt dem Consulhandel also wenig Chancen.

Es wird immer wieder junge Staaten geben, die an Wahlconsulaten interessiert sind. Sie lassen sich über das Auswärtige Amt bzw. über die Protokollabteilungen der Landesregierungen Vorschläge machen.

Wer die notwendigen Voraussetzungen mitbringt, kann von den zuständigen Stellen für ein Wahlconsulat vorgeschlagen werden. Im Durchschnitt ist dabei mit einer Wartezeit von zwei bis drei Jahren zu rechnen.

Hans Hermann Weyer sagt dazu allerdings: »Das ist alles Theorie. Wenn ein Wirtschaftsboß Bonn oder die Staatskanzlei seines Bundeslandes anspricht und dort unter Berufung auf seine Millionen um Aufnahme in die consularische Vorschlagsliste bittet, wird er nur ein mitleidiges Lächeln ernten.«

Außerdem: Wer tut das schon!

Wie dem auch sei:

Wer es eilig hat oder aus anderen Gründen den offiziellen Weg nicht beschreiten will, wird sich an einen Vermittler wenden. Er muß dann aber mit saftigen Preisen rechnen. Außerdem wird er ganz schön um sein Exequatur zittern müssen. Entgeht den Protokollbeamten die materielle Seite der Ernennung, beginnt für den ›Consul‹ eine Zitterperiode. Denn: Sobald irgend etwas über die geldliche Transaktion durchsickert, kann er sofort das ovale ›CC-Schild‹ von seinem Wagen abschrauben. Das Exequatur wird ihm entzogen. Der Traum vom Consul ist zu Ende.

Für alle, die trotzdem einen Consultitel käuflich erwerben wollen, sind nachfolgend nach Angaben eines Vermittlers die derzeitigen Preise zusammengestellt:

Kleine Preisübersicht

Die harte deutsche Mark wird gern gesehen. Als Entwicklungshilfe zum Beispiel. Trotzdem: Wenn's um den Verkauf eines Consulats geht, sind Dollars ein beliebtes Zahlungsmittel. Aus gutem Grund: Käufer, Vermittler und Vergabestaat rechnen oft in verschiedenen Währungen. Ein international so bekanntes Zahlungsmittel wie der Dollar vereinfacht die Transaktionen zwischen den drei Beteiligten.

Die hier angegebenen Circa-Preise stammen aus Januar 1971. Der immer enger werdende Markt an käuflichen Consulaten kann jedoch in den nächsten Jahren eine Preiskorrektur nach oben bedingen.

Selbstverständlich werden nicht alle Consulate ›unterderhand vergeben‹.

Jüngere afrikanische Staaten

WAHLCONSULATE

Preis: 8 000 - 15 000 Dollar

GENERALCONSULATE

Preis: 12 000 - 25 000 Dollar

Diese Consulate lassen sich heute noch verhältnismäßig leicht vermitteln. Vermittler stützen ihr Geschäft besonders auf die vielen neuen Staaten Afrikas.

Mittel- und südamerikanische Länder

WAHLCONSULATE

Preis: 10 000 - 30 000 Dollar

Preis: 15 000 - 40 000 Dollar

Die Vielzahl der Länder und die häufig wechselnden
Regierungen bedingen ein ebenfalls gutes Angebot.

Europäische Länder

WAHLCONSULATE BZW. GENERALCONSULAT

Preis: 40 000 - 100 000 Dollar

Ostblockländer

*Bisher sind Consulate dieser Länder noch nicht käuflich zu
erwerben. Im Zuge des politischen Tauwetters machen
sich jedoch die Vermittler berechtigte Hoffnungen, dadurch
ihre Angebotslisten beträchtlich aufstocken zu können.*

*Auch im Nachbarstaat Österreich, dessen Bewohner sich
immer schon gerne an Titeln und Würden orientierten,
blüht das Geschäft mit den Consuln. Dies jedenfalls behauptet ein bekannter Vermittler in Sachen Titel und
Ehrenämter. Man möchte es ihm glauben. Im Herbst 1970
jedenfalls durften seine Kunden unter folgenden Angeboten süd- bzw. mittelamerikanischer Consulate wählen:
Normales Consulat 17 000 Dollar. Ein anderer Staat, dessen Territorium um etwa ein Fünftel kleiner ist und der
sich außerdem um ein Minus von fast einer Million Einwohner unterscheidet, machte das begehrte CC-Schild und
den imagefördernden Titel bereits für 14 500 Dollar möglich. Sogar das seltenere, aber um so wichtigere Generalconsulat wartete auf einen zahlungskräftigen Consul.
Preis: 19 500 Dollar. Im ganzen gesehen liegen die Durch-
schnittspreise in Österreich beträchtlich unter denen auf
bundesrepublikanischem Boden. Bezüglich der Häufigkeit*

und der Preise solcher Consulate gilt das gleiche wie bei
Wahl- bzw. Generalconsulaten.

Jüngere afrikanische Staaten

WAHLCONSULATE
Preis: 7000 - 12000 Dollar

GENERALCONSULATE
Preis: 10000 - 20000 Dollar

Mittel- und südamerikanische Länder

WAHLCONSULATE
Preis: 8000 - 25000 Dollar

GENERALCONSULATE
Preis: 12000 - 30000 Dollar

Europäische Länder

WAHL- BZW. GENERALCONSULATE
Preis: 30000 - 80000 Dollar

Spätberufene

oder

Der Beweis, daß auch Alter nicht vor Titeltorheit schützt

Der Schöne Consul will gerade zum Segeln an den Chiemsee fahren, da wird ihm der Anruf eines Dr. G. gemeldet.

»Weyer.«

»Hier Dr. G. Ich bin an der Übernahme eines Consulats interessiert. Können Sie die Sache arrangieren?«

»Wollen Sie mir bitte zunächst einmal etwas ausführlicher sagen, wer Sie sind?«

»Als Finanzmakler vermittle ich vorwiegend Kapitalanlagen an ausländische Großobjekte.«

»Ihr Alter?«

»Siebenundsiebzig ...«

»Hm. Ich weiß nicht recht, ob die mir befreundeten Regierungen bereit sein werden, Consulate für so kurze Zeit zu vergeben.«

»Wie meinen Sie das?«

»Nun, Sie werden doch mit neunzig Jahren nicht noch solche Verpflichtungen unterhalten wollen und ein Dutzend Jahre sind für einen Staat nicht viel Zeit.«

»Junger Mann, sind Sie morgens immer zu solchen Späßen aufgelegt? Aber bitte, wenn Sie den Auftrag nicht übernehmen wollen ...«

»Um das zu entscheiden, muß ich Sie erst einmal persönlich kennenlernen. Bitte bemühen Sie sich in den nächsten

Tagen in mein Büro, wir können hier alles diskret unter vier Augen besprechen.«

»Ich wünsche, daß Sie zu mir kommen.«

»Ein Arbeitstag kostet bei mir 5 000 Mark spesenfrei.«

»Das spielt keine Rolle. Ich lasse Sie morgen von der Münchener Mittagsmaschine abholen.«

»Herr Consul Weyer wird zum Informationsschalter gebeten!« dröhnt es aus dem Lautsprecher der Empfangshalle.

Dort erwartet ihn ein livrierter Chauffeur. »Ich habe den Auftrag, Sie zunächst ins Hotel zu fahren, Herr Consul. Der Herr Doktor erwartet Sie dann um vierzehn Uhr.«

»Im Hotel?«

»Nein, in seinem Stadthaus. Ich werde Sie rechtzeitig abholen.«

»Na schön!«

Der alte Herr scheint ja noch ganz kregel zu sein, denkt Weyer während der Fahrt.

Dieser Eindruck bestätigt sich, als er eine Stunde später Dr. G. kennenlernt.

Ein silberhaariger kultivierter Herr kommt ihm in der holzgetäfelten Bibliothek entgegen und stellt seine im Hintergrund wartenden leitenden Mitarbeiter vor.

Alle sind vom Typ erfolgreicher Anlageberater, der bundesdeutschen Version des selbstbewußten Wallstreet-Managers.

Der Hausherr kommt gleich zur Sache.

»Meine Geschäfte machen es zweckmäßig, daß ich möglichst bald den Titel und die Position eines Consuls besitze. Welches Land können Sie mir anbieten?«

»Die Auswahl ist groß. Es kommt darauf an, was Sie anlegen wollen« – pariert Weyer vorsichtig.

»Zwischen fünfzig- und achtzigtausend.«

»Da könnte ich Ihnen das Land N. empfehlen.«

»Interessant, damit wäre ich einverstanden.«

»Die Vorteile liegen auf der Hand, und wenn Ihnen nur das CC am Wagen die Parkplatzprobleme nimmt!« witzelt Weyer aufgeräumt.

Schnell entschlossene Kunden sind ihm stets sympathisch.

»Ihr Humor scheint Sie nie zu verlassen, Herr Weyer. Also wären wir im Prinzip einig, ich möchte die Sache nur noch kurz mit meiner Frau besprechen.«

So etwas hört Weyer nicht gern. Er hat die Erfahrung gemacht, daß Damen gelegentlich die schönsten Geschäfte durchkreuzen.

»Ja, wenn Sie unter Kuratel stehen, ist es vielleicht besser, wir verhandeln gar nicht erst weiter!« ›muckscht‹ er provozierend. »Oder sind Sie etwa entmündigt?«

Der Hausherr will schon auffahren, da mischt sich der Prokurist mit süffisantem Lächeln ein.

»Vielleicht ist es doch zweckmäßig, Herrn Consul Weyer nicht mit internen Fragen zu behelligen. Er ist heute wunschgemäß zu den Verhandlungen angereist und erwartet deshalb eine geklärte Situation.«

»Also lassen wir das« – lenkt der Hausherr ein. »Kommen wir wieder zur Sache. Was soll jetzt geschehen?«

»Ich brauche sofort Ihren Lebenslauf und fünf Paßfotos. Im übrigen muß ich schnellstens zum Flughafen zurück, ich habe heute noch einen anderen Termin.« Weyer drängt, denn er spürt intuitiv, daß dieses Geschäft nur im Blitztempo durchzupeitschen ist.

»Wo kriegen wir aber die Bilder so schnell her?« fragt Dr. G. ratlos.

»Die können wir auf dem Wege bei Neckermann im Fotomaton machen.«

Vier Herren eilen unter Anführung des Chauffeurs durch das Kaufhaus auf der Suche nach dem Fotomaton.

Dann wird Dr. G. auf den Fotografierschemel genötigt, der Chauffeur versucht inzwischen, einen Tausendmarkschein zu wechseln.

Keiner der Herren hat Kleingeld bei sich.

Schließlich sind die Bilder fertig, aber Dr. G. macht einen ärgerlichen Einwand.

»Scheußliche Aufnahmen! Gerade bei solchem Anlaß habe ich Bedenken, so schlechte Fotos auszuhändigen.«

Weyer sieht das Geschäft durch eine erneute Verzögerung bedroht.

»Wenn Sie jetzt sofort in einem Atelier gute Bilder machen lassen, die zuverlässig morgen früh in München eingetroffen sind, geht es auch noch.«

Auf dem Wege zum Wagen kommt Weyer auf den wichtigsten Punkt zu sprechen.

»Da das Geschäft jetzt perfekt ist, können wir die fünftausend Mark Reisekosten auf die Spesen verrechnen. Ich darf um eine Anzahlung auf das Gesamtobjekt bitten.«

»Was kostet jetzt alles zusammen?« knurrt Dr. G. ungeduldig.

»Einundsechzigtausend mit den Spesen.«

Der Finanzmakler greift zum Scheckbuch.

»Sie kriegen jetzt einen Scheck über die gesamte Summe, aber lassen Sie mich künftig mit Geldsachen in Ruhe!«

Der Ton paßt dem Schönen Consul nicht.

»Ich habe Sie nur um die vereinbarte Anzahlung gebeten, um keinen Pfennig mehr. Es ist ja Ihr Wunsch...«

»Schon gut, ich bin froh, das jetzt gleich los zu sein.«

Im letzten Augenblick wird ein erneuter Zusammenstoß vermieden, aber Weyer geht unberührt aufs Ganze.

Staatsgespräch
mit amtierendem Minister Minani

»Ich wünsche die Summe in Bargeld, Schecks nehme ich nicht.«

»So viel schleppe ich nicht mit mir herum!« wird Dr. G. wieder ärgerlich.

»Verständlich, aber wir können ja zu Ihrer Bank fahren.«

»Bitte, auch das!« beherrscht sich der Finanzmakler mühsam.

Am Bankschalter präsentiert Dr. G. seinen Scheck über einundsechzigtausend Mark.

»Erledigen Sie das bitte selbst!« sagt er zu Weyer und geht abrupt durch die Halle zu einem Ledersessel.

»Bitte wollen Sie unterschreiben ...«, lächelt der Schalterbeamte höflich.

»Das ist ein Barscheck und kein Verrechnungsscheck.«

»Trotzdem bitte ich Sie um Ihre Unterschrift.«

»Ich denke nicht daran.«

»Bei der Höhe der Summe kann ich darauf nicht verzichten.«

»Sie werden aber darauf verzichten müssen, und bei einem Barscheck geht es Sie überhaupt nichts an, wer das Geld abhebt. Ich könnte ebensogut einen Boten schicken. Im übrigen ist der Scheck von dem Aussteller selbst vorgelegt worden, und wenn er das nötige Guthaben besitzt, sind Sie zur Auszahlung verpflichtet!«

»Einen Augenblick bitte!« zieht sich der Schalterbeamte zurück.

Kurz darauf wird Weyer in ein Konferenzzimmer gebeten.

»Was ist denn jetzt schon wieder los?« braust er auf.

Ein freundlicher Herr streckt ihm die Hand entgegen.

»Wir kennen uns, Herr Consul. Es tut mir leid, daß Sie Schwierigkeiten hatten, selbstverständlich sind Sie im Recht. Da ist nur ein kleines Problem aufgetaucht – wir

haben heute sehr wenig Tausendmarkscheine zur Verfügung. Können es auch kleinere Noten sein?«

»Bitte, wenn Sie mir nicht gerade sechstausendeinhundert
Zehnmarkscheine geben. Schließlich kann ich mich ja nicht
mit Banknoten ausstopfen.«

»Selbstverständlich. Und wegen der Unterschrift schlage
ich vor, daß Herr Dr. G. selbst signiert. Er ist ja noch an-
wesend.«

»Einverstanden.«

»Ich werde die Sache selbst in die Hand nehmen.«

Endlich schiebt der Kassenbeamte Weyer die Geldbündel
durch den Schalter, die der Schöne Consul achtlos und un-
gezählt in seinem Dokumentenkoffer verschwinden läßt.

»Zählen Sie Ihr Geld eigentlich nie nach?« mokiert sich
Dr. G. bissig.

Weyer macht eine lässige Handbewegung.

»Dafür habe ich einen Blick. Wenn ich stets alles nach-
blättern wollte, müßte ich jeden Tag Stunden in der Bank
verbringen.«

In der Abfertigungshalle des Flughafens bleibt noch etwas
Zeit zur Verabschiedung. Weyer versucht das abzukürzen.
Ihm ist aufgefallen, daß Dr. G. auf dem Weg von der Bank
zum Flughafen immer nervöser geworden ist. Aus seiner
bewegten Praxis weiß er, daß so nur Leute reagieren, die
einen Rückzieher vorhaben.

»Vielleicht können wir uns jetzt verabschieden, ich muß
vor dem Aufruf der Maschine noch einmal telefonieren...«,
meint er, aber Dr. G. scheint gar nicht zuzuhören.

»Ob ich das wohl richtig gemacht habe...«, murmelt er
immer wieder halblaut vor sich hin.

»Sagen Sie mal – mit wem reden Sie überhaupt?« fragt
Weyer forsch.

»Ich weiß nicht recht, vielleicht bin ich doch schon zu alt für diese Position...«

Aha! denkt Weyer. Rückzugsgefechte...

»Das Theater werde ich mit dem Präsidenten von N. ohnehin bekommen. Aber es ließe sich wahrscheinlich durch einen kleinen Zusatzscheck ausgleichen.«

»Um Gottes willen, auch das noch!« wehrt sich der Finanzmakler. »Habe ich denn durch das Consulat zusätzliche Arbeit zu erwarten?«

»Die Abwicklung der consularischen Geschäfte lassen sich auf einen Angestellten übertragen. Das Consulatsschild kann Ihr Hausmeister putzen, zu gegebenen Anlässen muß natürlich die Flagge gehißt werden. Unterschriften sollten Sie schon selbst leisten und einige gesellschaftliche Verpflichtungen sind unvermeidlich. Aber das habe ich Ihnen doch alles schon erklärt.«

Wortlos nickt Dr. G. vor sich hin.

Dann wendet er sich seinem Chauffeur zu, der im Hintergrund wartet.

»Wissen Sie, wo wir die Flagge am besten anbringen könnten, Berger?«

»Vielleicht auf der mittleren Dachplattform, Herr Doktor.«

»Ja, ja...«

Dem Schönen Consul wird es allmählich unheimlich.

Sollte der Finanzmakler doch seniler sein, als es zunächst den Anschein hatte?

»Es tut mir leid, aber ich muß mich jetzt verabschieden...«, beendet er die Situation und verschwindet im Gewühl der Halle. Mit einem Seitenblick sieht er, wie Dr. G. langsam und etwas müde zum Ausgang geht.

Drei Wochen später erhält Weyer diesen Brief:

Sehr geehrter Herr Consul!

Da ich schwer erkrankt bin und die Stadt verlassen muß, bitte ich Sie, meine Consul-Ernennung rückgängig zu machen.

Besten Dank für Ihre Mühe und erwarte Ihren Bescheid. Mit freundlichen Grüßen

Ihr Dr. G.

Weyer greift sofort zum Telefon.

»Gerade ist Ihr Brief bei mir angekommen, Herr Dr. G. Was soll das eigentlich bedeuten?«

»Es geht wirklich nicht mit dem Consulat, ich muß die Stadt verlassen...«, tönt es kläglich durch den Draht.

»Wieso – werden Sie vielleicht gesucht?«

»Bitte nicht immer diese Späße, es ist aus Altersgründen und meines Gesundheitszustandes wegen.«

»Aber Herr Dr. G., man schmeißt doch alte Leute nicht aus der Stadt 'raus...«

»Ersparen Sie mir weitere Erklärungen. Ich will ja auch gar kein Geld zurück haben!«

Das ist dem Schönen Consul noch nicht passiert.

»Habe ich Sie eben richtig verstanden?«

»Ja, von Ihnen bekommt man ja doch nichts zurück, und ich will keinen Ärger. Wir ziehen jetzt aufs Land und meine Frau meint auch, ich dürfe mir so etwas nicht mehr aufbürden.«

Weyer ist wieder obenauf.

»So einfach geht das nicht, Herr Dr. G. Ich werde zunächst einmal Kontakt mit dem Präsidenten von N. aufnehmen, der sicher sehr verärgert sein wird. Für mich ist das nicht gerade angenehm. Es empfiehlt sich deshalb, daß Sie ihm ein bombastisches Geschenk machen. Wenn

Sie sich den Zorn eines solchen Mannes zuziehen, können Sie selbst auf dem Lande nicht ruhig leben.«

»Um Gottes willen! Was stellen Sie sich denn als Geschenk vor?«

»Solche Leute sind immer für möglichst ausgefallene Sachen. Kaufen Sie ihm ein hervorragendes Massagegerät. Das kann er bei seiner schweren Küche auf jeden Fall gut gebrauchen. Ich werde das Präsent weiterleiten.«

Wenige Tage später werden zwei riesige Massageapparate im Hause des Schönen Consul abgeliefert.
Einer steht seitdem in Weyers Badezimmer.

Diplomatenkalender

oder

Wichtige Termine für Möchte-Gerne-Consuln

Das gesellschaftliche Leben jeder Stadt bestimmen ihre Partys und Empfänge. Wer »in« sein möchte, versucht, dabei zu sein. Er muß auf möglichst vielen Einladungslisten stehen. Dies trifft für alle Gesellschaftsschichten zu. Zum Beispiel für die Snobiety. In besonderem Maße jedoch für Möchte-Gerne-Consuln. Sie sollten sich, so Titelvermittler Weyer, die Nationalfeiertage der Länder, mit denen die Bundesrepublik diplomatische Beziehungen unterhält, im Terminkalender vormerken. An diesen Tagen geben im allgemeinen die Botschafter und Consuln der betreffenden Länder Empfänge. Auf der Einladungsliste stehen »Diplomatenkollegen«, Würdenträger aus Stadt und Land, Industrielle und eine größere Personenzahl aus der Familie der »Niemands«, die sich dank guter Beziehungen auf die Einladungslisten schmuggeln konnten.

Sicher, auf diesen Empfängen werden keine Consulate über das kalte Büfett hinweg verhökert. Aber: Verbindungen, die sich später bezahlt machen, lassen sich hier auf jeden Fall einleiten.

Das Gelingen von Partys und Gesellschaften hängt weitgehend von den Gästen, in besonderem Maße jedoch vom Einfallsreichtum der Gastgeber ab. Weil es damit meist nicht weit her ist, bedient man sich schon seit Jahrhunderten der gleichen Stimulanz: Spiele.

Herrenrunden versuchen es mit Skat oder Tarock, Damen-
kränzchen mit Bingo und sexuell Verklemmte mit Pfänder-
spielen. Auflockerungen dieser Art gelten in höheren
Gesellschaften als nicht schick. Doch unter Frack- und
Smokingträgern bleibt die Langeweile ebenfalls nicht aus.
Im Gegenteil. Sie gedeiht hier so prächtig wie die Motten
in verstaubten Kleiderschränken.

Weil Spiele nicht schick sind, versucht man sich in höheren
Gesellschaftsschichten mit Klatsch über langweilige Stunden hinwegzuamüsieren. Es gibt die verschiedensten Spielarten. Jede Party und Gesellschaft nährt sich von eigenen
Klatschvarianten.

Bei Empfängen in Consulaten, so behaupten böse Zungen,
gelten als beliebte Gesellschaftsspiele, herauszufinden, wer
nun einen Titel gekauft hätte. Die Spielregeln gleichen fast
denen der beliebten Fernsehserie »Wünsch Dir was« des
Show-Ehepaares Vivi Bach und Dietmar Schönherr. Während diese Unterhaltungssendung ihre Sieger mit dem
Lichttest ermittelt, orientiert sich die Klatschjury bei stei-
fen Consulatsempfängen nach dem »Schüttel- und Freund-
lichkeitstest«. Das geht so: Zum bevorzugten Klatsch-
objekt avanciert derjenige Consul, dem ein anwesender
Titelhändler besonders lange und freundlich die Hand
schüttelt. Sofort konzentriert sich der Gesellschaftsklatsch
um die Frage: »Hat er, oder hat er nicht gekauft?«

Titelhändler Hans Hermann Weyer charakterisiert allerdings Sinn und Zweck der Empfänge an Nationalfeiertagen
noch respektloser: »Das ist oft der einzige Tag, an dem
sich ein »Kaufconsul« im Kreise seiner echten Kollegen
zeigen und fotografieren lassen kann.«

Trotzdem: »Möchte-Gerne-Consuln« tun gut daran, sich
an einem oder mehreren der hier aufgeführten Tage um
eine Einladung zu bemühen.

Nationaltage

1. Januar	Haiti
1. Januar	Kamerun
4. Januar	Birma
11. Januar	Tschad
26. Januar	Australien
26. Januar	Indien
4. Februar	Ceylon
6. Februar	Neuseeland
27. Februar	Dominikanische Republik
3. März	Marokko
6. März	Ghana
11. März	Dänemark
17. März	Irland
23. März	Pakistan
25. März	Griechenland
4. April	Senegal
26. April	Tansania
27. April	Sierra Leone
27. April	Togo
29. April	Japan
30. April	Niederlande
14. u. 15. Mai	Paraguay
17. Mai	Norwegen
25. Mai	Argentinien
25. Mai	Jordanien
27. Mai	Afghanistan
31. Mai	Südafrikanische Republik

1. Juni	Tunesien
2. Juni	Italien
6. Juni	Schweden
10. Juni	Portugal
11. Juni	Nepal
12. Juni	Philippinen
17. Juni	Island
23. Juni	Luxemburg
1. Juli	Kanada
1. Juli	Somalia
4. Juli	USA
5. Juli	Venezuela
6. Juli	Malawi
14. Juli	Frankreich
18. Juli	Spanien
20. Juli	Kolumbien
21. Juli	Belgien
23. Juli	Äthiopien
26. Juli	Liberia
28. Juli	Peru
1. August	Dahome
1. August	Schweiz
6. August	Bolivien
7. August	Elfenbeinküste
10. August	Ecuador
15. August	Korea
17. August	Gabun
17. August	Indonesien
23. August	Rumänien
25. August	Uruguay
31. August	Malaysia

3. September	San Marino
7. September	Brasilien
15. September	Costa Rica
15. September	El Salvador
15. September	Guatemala
15. September	Honduras
15. September	Nicaragua
16. September	Mexiko
18. September	Chile
21. September	Malta
1. Oktober	Kamerun
1. Oktober	Nigeria
1. Oktober	Zypern
2. Oktober	Guinea
14. Oktober	Madagaskar
24. Oktober	Sambia
26. Oktober	Iran
26. Oktober	Österreich
29. Oktober	Türkei
1. November	Vietnam
3. November	Panama
7. November	UdSSR
9. November	Kambodscha
10. November	Monaco
29. November	Jugoslawien
1. Dezember	Zentralafrikanische Republik
5. Dezember	Thailand
6. Dezember	Finnland
18. Dezember	Niger
24. Dezember	Libyen

DRITTES BUCH

Orden
Adel
Diplomaten

Vorschlagswesen

oder
Wie man Orden redlich erwirbt

Bismarck soll einmal über die Prahlsucht mit Orden geäußert haben: »Orden lassen sich verdienen, erdienen, erdienern oder auch erdinieren.« Ganz so schlimm scheint es im heutigen Deutschland nicht mehr zu sein. Bundespräsident Heinemann ist auf größere Ordensgerechtigkeit bedacht. Trotzdem: Der ›Sitzfleischorden‹ für viele durchgewetzte Hosen auf harten Beamtenstühlen wird wohl nie ganz aus der Welt zu schaffen sein.

Während nur etwa neun Prozent aller Orden in Deutschland Frauenbrüste zieren dürfen, läßt sich der Verdacht, Angehörige des öffentlichen Dienstes gehören zu den bevorzugten Ordensempfängern, nicht so ohne weiteres von der Hand weisen.

Ein hoher Beamter im Bundespräsidialamt charakterisierte jedenfalls die Situation der vergangenen Jahre mit der Behauptung: »Wer Regierungsrat wird, kommt dem Verdienstkreuz verdächtig nahe.«

Der normale Weg sieht so aus: Der Verdienstorden der Bundesrepublik Deutschland wird vom Bundespräsidenten verliehen und kann als Zeichen der allgemeinen Anerkennung in Form eines Ordenszeichens getragen werden. Praktisch kann jeder Bundesbürger einen Orden angeheftet oder umgehängt bekommen. Nur die Verurteilung wegen eines Verbrechens schließt eine Auszeichnung mit dem Verdienstorden aus.

Zuständig für die Beantragung von Orden, die an Bundesbürger verliehen werden, ist der Ministerpräsident des jeweiligen Bundeslandes.

Die Vorarbeiten werden in den Staatskanzleien von den Protokollabteilungen gemacht, die zum Beispiel in Bayern auch als Ordenskanzlei tätig sind. Die Vorschläge werden dann in Zusammenarbeit mit den jeweiligen Fachministerien geprüft. Je nach Art des Vorschlags und der vorgeschlagenen Persönlichkeit bedarf es einer Abstimmung mit den zuständigen Regierungsbezirken oder den Industrie- und Handelskammern.

Praktisch ist es durchaus möglich, daß jeder Bürger bei der Gemeinde, beim Landratsamt oder bei der Stadtverwaltung einen Ordensvorschlag einreicht. Von dort geht dann der Vorschlag über die jeweilige Bezirksregierung, zum Beispiel die Regierung von Oberbayern, weiter an die zuständige Staatskanzlei.

Besonders viele Vorschläge sollen von den unzähligen Verbänden und Organisationen kommen. Dort scheint man schon im Ordensgeschenkemachen für Vorgesetzte geübt zu sein.

Voraussetzung für die Verleihung eines Ordens in der Bundesrepublik ist ein besonderes Verdienst um die Bundesrepublik. Dieses muß nicht etwa besonders spektakulär sein. Auch wenn Hausfrauen oder etwa eine alleinstehende ältere Dame in selbstloser Weise Pflegekinder betreut, für die sonst kein Heimplatz zu finden gewesen wäre, gilt dies bereits als Anwartschaft auf einen Orden. Selbstverständlich haben die Beamten in den Ordenskanzleien meist nicht die Möglichkeiten, solche Fälle zu recherchieren. Sie sind deshalb darauf angewiesen, daß die

Angestellten in den Gemeindestuben derartige Begebenheiten melden.

Seit etwa zwei Jahrzehnten orientiert sich die Praxis der Ordensverleihung nach einem neuen System, dem ›Prinzip des Höherdienens‹.

Während früher, ähnlich dem Gehaltssystem der Beamten, die abgesessenen Jahre in Amtsstuben maßgebend waren, muß jetzt jeder Bürger ab dem 40. Lebensjahr zunächst die untere Stufe des Verdienstordens entgegennehmen, bevor er später durch erneute Verdienste für einen höheren Orden vorgeschlagen werden kann.

Dieses System kostet den zuständigen Beamten manch graues Haar. Wer will schon Gablonzer Schmuck, wenn Diamanten locken! Auch der Protokollchef der bayerischen Staatsregierung muß sich mit diesen Sorgen herumschlagen: »Für uns hier in der Staatskanzlei wie für die untergeordneten Dienststellen, besteht das Problem darin, immer genügend Anwärter für die unteren Ordensstufen zu finden.

Wir haben ausreichende Vorschläge für höhere Verdienstkreuze am Bande und noch höhere Ordensstufen. Aber für die Stillen im Lande, von denen wir nichts erfahren und die mit der unteren Stufe anfangen müssen, gibt es zu wenige Anträge. Wir würden uns freuen, wenn von privater Seite noch mehr Aktivität gezeigt würde.«

Selbstverständlich bekommt nicht jeder vom Bundespräsidenten persönlich seinen Orden an die Brust geheftet oder um den Hals gehängt. In Bayern zum Beispiel kristallisierte sich aus der Praxis des letzten Jahrzehnts folgendes Verleihschema heraus: Die unteren Ordensstufen übergeben die Landräte oder die Oberbürgermeister der kreisfreien Städte. Das Bundesverdienstkreuz erster Klasse wird von den Regierungspräsidenten überreicht. Diese allgemein geübte Praxis will allerdings nicht als starres System verstanden werden. Der Ministerpräsident greift manchmal auch bei niedrigeren Ordensstufen in die Ordenskiste, um den Bedachten besonders hervorzuheben.

Bayern hält für alles, was zum Nutzen von Volk und Staat innerhalb der weiß-blauen Grenzpfähle auszeichnungswürdig erscheint, ein eigenes Stückchen Metall bereit: den Bayerischen Verdienstorden. Er ist einstufig und soll in Würdigung von Verdiensten verliehen werden, die sich vor allem auf Bayern beziehen. Es liegt sicher in der Natur der Sache, daß in der Protokollabteilung der Bayerischen Staatskanzlei nicht immer Klarheit darüber herrscht, ob nun in die Kiste mit den Bayerischen Verdienstorden oder in die ungleich größere mit den Bundesverdienstkreuzen gegriffen werden soll. Immerhin stehen den zuständigen Beamten beim Bayerischen Verdienstorden ja nur 2 000 Stück zur Verfügung. 1 300 sind bis heute an verdienstvolle Bürger verteilt worden. Mit den restlichen 700 gilt es, jetzt sparsam umzugehen. Das Gesetz über den Bayerischen Verdienstorden sieht eben nur die runde Zahl von 2 000 Orden vor.

Der Bayerische Verdienstorden liegt rangmäßig etwa auf der Stufe des Großen Bundesverdienstkreuzes. Er wird ebenfalls als Halskreuz getragen. Trotzdem lassen sich kaum Vergleiche zwischen beiden Auszeichnungen ziehen, da sie völlig verschiedener Wertungsnatur sind. Es ist durchaus möglich, daß ein Bürger, der bereits eine untere Stufe der Bundesorden verliehen bekam, später noch den Bayerischen Verdienstorden erhält. Auch der umgekehrte Fall ist denkbar.

Gewöhnlich lädt der bayerische Staat einmal im Jahr, meist im späten Frühjahr, zur festlichen Verleihstunde der Bayerischen Verdienstorden ein. Der bayerische Minister-

präsident überreicht die Orden persönlich, um eine besondere Publizität der Auszeichnungen zu erreichen.

Publizität in großem Maße bedürfen die Deutschen jedoch nicht. Hierzulande ist man immer noch sehr ordensfreudig. Annahmeverweigerungen sind den zuständigen Herren im Bundespräsidialamt nur sehr wenige bekannt. Eine der spektakulärsten der letzten Jahre war die des deutschen Arztes Dieter Eichenlaub, der kurz vor dem Ende des Biafra-Krieges in allerletzter Minute 40 Kinder retten konnte. Davon hörte der Bundespräsident und machte von seinem Vorschlagsrecht Gebrauch. Der vom Bundespräsidenten verliehene Orden ging zuständigkeitshalber nach Berlin. Dr. Eichenlaub lehnte diesen Orden aus ganz persönlichen Gründen ab. Mit seiner Ablehnung wollte er jedoch auf keinen Fall den Bundespräsidenten brüskieren. Dies erklärte er auch in einem Gespräch gegenüber dem Berliner Gesundheitssenator.

Drei-ex-geschäfte
(Exkönig Ntare V. von Burundi,
›Consul‹ Weyer, Exgeneralconsul Styler)

Blechologie

oder
Die Orden der Deutschen

Der große Ordensregen vergangener Jahrzehnte ist vorbei. Es herrscht Dürre in der deutschen Ordenslandschaft. Das Bundespräsidialamt, das sich letztlich um den Fortbestand der Ordensträger mit deutschen Verdienstauszeichnungen zu kümmern hat, streut seine messingkupfer-legierten Kreuze nicht hemmungslos unters Volk. Mit ganzen 2 500 Orden werden jährlich die Verdienste ums Gemeinwohl honoriert. Damit nimmt Deutschland in der Hit-Liste der ordenverleihenden Länder bei weitem nicht einen der vordersten Plätze ein. In Europa greifen zum Beispiel die Staatsmänner Italiens und der anderen romanischen Staaten viel öfter in die Ordenskisten. In Frankreich etwa vermehren sich allein die Träger des Nationalen Verdienstordens und des Kreuzes der Ehrenlegion um 15 000 im Jahr. Die höchste Auszeichnung der Sowjetunion, der Leninorden, mußte bis heute bereits 370 000-mal geprägt werden. Eine stolze Auflage.

Sicher, Rußlands Bevölkerungszahl ist ungleich größer als die Deutschlands. Trotzdem: Auch in den Verhältniszahlen schneidet die Bundesrepublik bedeutend schlechter ab. Während auf jeden sechshundertsten Russen ein Orden kommt, gilt in der Bundesrepublik Deutschland bisher nur jeder vierzehnhundertste als ordenswürdig.

Unter den verhältnismäßig wenigen Trägern deutscher Orden war jedoch in besonderem Maße der öffentliche Dienst vertreten. Das ist auch dem Bundespräsidenten aufgefallen. Nach seiner Ansicht sollen die sozialen Berufe stärker berücksichtigt werden.

Mit den scherzhafterweise als ›Sitzfleischorden‹ bezeichneten Auszeichnungen an den öffentlichen Dienst stellt sich die Bundesrepublik in krassen Gegensatz zum Nachbarn Schweiz. Bei den Eidgenossen dürfen Angestellte im Staatsdienst und Wehrpflichtige keinen Orden annehmen. Die Schweiz selbst verleiht überhaupt keine Orden. Auch in Amerika ist es Angestellten im Staatsdienst nicht erlaubt, Orden anzunehmen. Sogar der Präsident der Vereinigten Staaten muß hier mit gutem Beispiel vorangehen. Über Orden an ihn brauchen sich befreundete Staaten nicht die Köpfe zu zerbrechen. Er darf bei Staatsbesuchen keine Orden annehmen. Uruguay, Kanada und die Türkei verleihen aus grundsätzlichen Erwägungen keine Orden an Ausländer. Die Türken dürfen zwar ausländische Orden annehmen, aber nicht tragen.

Die Deutschen haben da weniger Schwierigkeiten. Sie dürfen ausländische Orden tragen. Bekommt ein Deutscher einen Auslandsorden verliehen, bedarf dies der Genehmigung des Bundespräsidenten. Diese Genehmigung bearbeitet die Ordenskanzlei. Man handhabt das Bearbeitungsverfahren hierzulande sehr großzügig. Bei der Genehmigung interessiert es zum Beispiel nicht, wenn ein Titelhändler den Orden vermittelte oder wenn die Ordensverleihung mehr oder minder durch eine persönliche Schenkung an einen ausländischen Staatspräsidenten zustande kam. Solche Orden werden auf jeden Fall von den Bedachten akzeptiert, da ja im eigenen Lande nicht so großzügig mit Ordensverleihungen umgegangen wird.

Der Verdienstorden der Bundesrepublik Deutschland kommt in acht Stufen zur Verleihung. Dabei ist die oberste Stufe allein Staatspräsidenten vorbehalten. Für alles, was darunter kommt, bestehen keine Einschränkungen. Allerdings kam die höchstmögliche Auszeichnung für Nicht-Staatspräsidenten bis jetzt nur an knapp 70 Bürger zur Verleihung. Als erster durfte sie Kardinal Frings am 31. Januar 1952 in Empfang nehmen. Auch ehemalige oder noch amtierende Bundesminister tragen diesen hohen Orden, dessen Metall- bzw. Prägewert bei etwas mehr als 300 Mark liegen dürfte. Die unteren Ordenskategorien schlagen im Etat des Bundespräsidialamtes mit noch weniger zu Buch. Etwa 10 Mark sind für die Grundstufe aufzubringen.

Es gibt zwar keine Ordenskontingente für die einzelnen Bundesländer, aber es sind Richtzahlen aufgestellt: Alle Staatskanzleien sollen ihre Ordensvorschläge im Verhältnis 75:20:5 unterbreiten. Also 75 Prozent für die unteren Ordensstufen, 20 für Orden der ersten Klasse und 5 Prozent für Orden der höheren Klasse. Acht Orden stehen für die Ordenskanzleien zur Auswahl:

Verdienstmedaille

Knappe 38 Millimeter im Durchmesser mißt die goldfarbene Verdienstmedaille. Sie ist rund und zeigt auf der Vorderseite ein Ordenskreuz, das von einem Lorbeerkranz umrankt wird. Auch die Inschrift auf der Rückseite ziert ein Lorbeerkranz. Der Text: ›Für Verdienste um die Bundesrepublik Deutschland‹. Die Verdienstmedaille hängt an einem gold-schwarz-gold gesäumten Band.

Verdienstkreuz am Bande

Die nächste Stufe in der Ordenshierarchie. Das Band hebt sich aber bereits durch einen breiteren gold-schwarz-goldenen Saum ab und gleicht dem der Verdienstmedaille. Das Verdienstkreuz vermag bereits mit dem stattlichen Durchmesser von 55 Millimeter einen gut sichtbaren optischen Blickfang darzustellen. Die Rückseite des Kreuzes ist gekörnt und wird von einer schmalen polierten Kante eingerahmt.

Verdienstkreuz erster Klasse

Im Unterschied zum Verdienstkreuz am Bande weist das Verdienstkreuz erster Klasse eine glatte Rückseite mit einer Broschierung auf. Auch diesen Orden ziert wie alle anderen der Bundesadler in Schwarz auf einem runden Schild.

Großes Verdienstkreuz

Durch seine Größe, 60 Millimeter im Durchmesser, und ein breites Band, das durch eine Öse über einer Rosette gezogen wird, hebt sich diese Auszeichnung klar von den unteren drei Verdienstorden ab.

Großes Verdienstkreuz mit Stern

Seiner Form nach ähnelt es dem Großen Verdienstkreuz. Ein 70 Millimeter großer Stern aus vier goldenen Strahlenbündeln, dessen Mitte ein großes Ordenskreuz ziert, hebt diese Verdienstauszeichnung jedoch von der Vorstufe ab.

Großes Verdienstkreuz mit Stern und Schulterband

Gegenüber der Vorstufe hebt sich im wesentlichen nur das 100 Millimeter breite Schulterband ab.

Großkreuz

Das Kreuz selbst mißt 70 Millimeter im Durchmesser, der Stern 80 Millimeter. Auf seinen sechs goldenen Strahlenbündeln ist in der Mitte ein 45 Millimeter großes Ordenskreuz aufgesetzt. Das Ordensband ist mit dem Zeichen des Bundesadlers durchwebt.

Sonderstufe des Großkreuzes

Der höchste von der Bundesrepublik zu vergebende Orden. Er soll nur die Fracks der Staatsoberhäupter zieren. Der Orden ähnelt dem Großkreuz. Sein 90 Millimeter großer Stern besteht allerdings aus acht goldenen Strahlenbündeln.

Kleiner Ordensknigge

oder
Wie man Orden trägt

Erhabenes und Lächerliches liegen meist eng zusammen. Auch beim Tragen von Orden. Hier trennen beide Extreme im wahrsten Sinne des Wortes nur Millimeter. Ein zu langes Schulter- oder Halsband läßt den Träger hoher Orden ebenso lächerlich erscheinen wie ein angesteckter Stern auf der falschen Brustseite.

Über das Tragen von Orden herrscht hierzulande genausoviel Unsicherheit wie in anderen Staaten. Die Illustrierte »Quick« zitiert in diesem Zusammenhang den verstorbenen CSU-Abgeordneten, Posthalter und Gastwirt Franz Xaver Unertl. Der wackere Bayer in Bonn war Träger des Bundesverdienstkreuzes. Bei einem Staatsempfang, den Bundespräsident Heinemann zu Ehren des Präsidenten von Sambia, Kenneth Kaunda, gab, wollte der Bayer zuerst seine respektable Auszeichnung für Verdienste ums Vaterland nicht öffentlich tragen. Um für alle Eventualitäten gewappnet zu sein, steckte er den Orden vorsichtshalber in die Hosentasche.

Als ihm jedoch auf dem Empfang pausenlos Regierungsvertreter mit reich dekorierten Brüsten begegneten, wollte auch er nicht mehr ordensnackt und damit als Persönlichkeit zweiter Klasse im erlauchten Publikum herumstehen. Kurz entschlossen heftete er sich den ›Hosentaschenorden‹

an die Brust. Doch sollte der Unertlsche Verdienstorden nicht lange seine imagefördernde Wirkung leisten können. Er ging im Gedränge verloren. Franz Xaver Unertl legte später auf die Feststellung Wert, daß er den Orden nicht beim Essen am kalten Büfett verloren habe. Das Prachtstück wurde glücklicherweise wiedergefunden.

Für die acht Verdienstorden der Bundesrepublik bestehen genaue Trageanweisungen. Jeder Ordensträger sollte sie kennen:

VERDIENSTMEDAILLE

wird an der linken oberen Brustseite getragen.

VERDIENSTKREUZ AM BAND

wird an der linken oberen Brustseite getragen.

VERDIENSTKREUZ ERSTER KLASSE

wird an der linken Brustseite angesteckt.

GROSSES VERDIENSTKREUZ

wird an einem Band um den Hals getragen.

GROSSES VERDIENSTKREUZ MIT STERN UND SCHULTERBAND

das Ordensband mit dem Ordenskreuz wird von der rechten Schulter zur linken Hüfte getragen, der Stern dagegen auf der linken Brustseite.

GROSSES VERDIENSTKREUZ MIT STERN

wird an einem Band um den Hals getragen. Den Stern dagegen trägt man auf der linken Brustseite.

GROSSKREUZ

Während der sechsspitzige Stern auf der linken Brustseite getragen wird, hängt das Großkreuz an einem breiten Band, das von der rechten Schulter über die linke Hüfte führen soll.

SONDERSTUFE DES GROSSKREUZES

wird an einem breiten Band von der rechten Schulter zur linken Hüfte getragen. Sein Stern soll auf der linken Brustseite gezeigt werden.

Staatsempfänge

oder

Wie man zu der Ehre kommt, einem Staatspräsidenten
die Hände zu schütteln

»Was verschafft mir das Vergnügen Ihres unerwarteten
Besuches?«

Der Schöne Consul taxiert den kleinen korpulenten Herrn
mit einem ungeduldigen Blick und lädt ein, Platz zu nehmen.

»Mein Name ist Otto R., ich bin Bauunternehmer.«

»Das wurde mir eben schon bei Ihrer Besuchsanmeldung
gesagt. Wie ich Ihnen bereits mitteilen ließ, empfange ich
nur nach vorheriger Terminvereinbarung und nach Klä-
rung des Anlasses. Heute bin ich sehr in Eile, was kann ich
also für Sie tun?«

Der Bauunternehmer wischt sich mit dem Taschentuch
über die feuchte Stirn, an seinen dicken Fingern blitzen
Brillanten.

»Entschuldigen Sie, wenn ich einfach hereingeschneit bin,
aber meine Sache ist so ungewöhnlich, daß man sie telefonisch oder brieflich nicht gern vorher ankündigt. Deshalb bin ich gleich selbst gekommen. Vielleicht werden Sie
mich auslachen...« Ein verlegener Blick hinter rosigen
Fettpolstern bittet um Verständnis.

»Können wir nicht zur Sache kommen?«

»Ja, natürlich. Ich war kürzlich mit meiner Familie in England. Der Buckingham-Palast hat mich sehr beeindruckt

und wir bekamen sogar Gelegenheit, die königliche Familie zu sehen. Die ganze Pracht und die Zeremonien sind schon großartig, es läuft einem dabei eiskalt über den Rücken...«

Weyer unterbricht ungeduldig.

»Sind Sie gekommen, um mir das zu erzählen?«

Ein verlegenes Lachen und erneuter Schweißausbruch.

»Ich wollte nur erklären, wie ich auf die Idee gekommen bin. Koste es, was es wolle, ich möchte einmal einen richtigen Staatsempfang für mich selbst haben. Können Sie mir dazu verhelfen?«

Erleichtert lehnt sich Otto R. in den schwarzen Ledersessel zurück und sieht den Schönen Consul erwartungsvoll an.

Weyer läßt sich seine Überraschung nicht anmerken. Daraus ließe sich ein neues Geschäft entwickeln.

»Warum nicht? Es ist eine reine Kostenfrage.«

»Geld spielt keine Rolle, Herr Consul!«

»Ich könnte einem mir befreundeten Staatspräsidenten mitteilen, daß Sie ihm eine großzügige Spende für einen caritativen Verwendungszweck persönlich überreichen möchten. Das wäre Anlaß für einen offiziellen Empfang. Ich denke da an ein afrikanisches Land, sicher läßt es sich auch in Südamerika einrichten.«

»Südamerika wäre mir lieber.«

»Wie Sie wollen. Ich fliege heute nachmittag ohnehin nach drüben und werde sehen, was sich tun läßt. Für die Verhandlungsspesen müssen Sie allerdings gleich 6 000 Mark deponieren, die verloren sind, falls die Sache nicht klappt.«

»Selbstverständlich.«

Der Bauunternehmer greift zur Brieftasche und legt zehn Tausendmarkscheine auf den Tisch.

»Für Ihre ersten Bemühungen, Herr Consul, und ohne Verrechnung auf die weiteren Kosten.«

Weyer schiebt das Geld achtlos in die Jackentasche.

»Rufen Sie mich in einer Woche an, dann ist die Sache zu übersehen.«

Otto R. strahlt.

»Sie meinen, es läßt sich arrangieren?«

»Mit Geld und Beziehungen ist vieles zu machen!«

Eine Woche später.

Otto R. sitzt wieder im Roten Salon des Schönen Consul. Diesmal ist er telefonisch nach Feldafing gebeten worden.

»Ich habe gute Nachricht für Sie. Der Staatsbesuch in B. kann noch in diesem Monat stattfinden. Sie werden mit allen Ehren empfangen, die sonst nur einem Staatsoberhaupt zuteil werden.«

Der Bauunternehmer ist wie elektrisiert.

»Großartig. Wir fliegen mit einer Sondermaschine!«

Weyer winkt ab.

»Das ist nicht nötig. Heutzutage fliegen auch Minister und prominente Politiker mit Linienmaschinen.«

Dann gibt es endlose Erörterungen um Protokoll- und Garderobefragen, um die Art des Gastgeschenkes und die Höhe der Spende. Otto R. ist von einem fanatischen Organisationseifer befallen, den Weyer schließlich bremst.

»Bereiten Sie nur alles nach eigenem Gutdünken vor. Ich werde den genauen Reisetermin noch mit der Kanzlei des Präsidenten und der Fluggesellschaft abstimmen und gebe Ihnen dann Nachricht.«

Der Bauunternehmer öffnet seinen Aktenkoffer und entnimmt zwei dicke Geldbündel, die er auf den Tisch legt.

»Für die weiteren Kosten, Herr Consul.«

Weyer wirft einen Blick auf die Banderolen.

Es sind fünfzigtausend Mark.

»Sehr schön. Ich denke, daß wir in etwa einer Woche fliegen können.«

Die Abreise verschiebt sich um sechs Tage, denn früher stehen keine vier zusammenhängenden Plätze Erster Klasse zur Verfügung.

Otto R. wünscht zwei Plätze für sich selbst, damit er es sich bequem machen kann. Zwischen ihm und Weyer wird ein weiterer Platz für das zerbrechliche Gastgeschenk benötigt, das er der Luftfracht nicht anvertrauen will.

Es ist ein riesiger bayerischer Löwe aus Nymphenburger Porzellan. Einen fünften Platz in der Zweiten Klasse erhält der Diener des Staatsbesuchers, der den Porzellanlöwen zu tragen hat.

Der Aufwand ist dem Anlaß angemessen.

Allein die Flugkosten betragen fast fünfundzwanzigtausend Mark. Für die Erfüllung seines großen Traumes ist Otto R. nichts zu teuer.

Dann ist endlich die große Stunde gekommen.

Otto R. fiebert vor Aufregung.

Während des Starts hält er den Porzellanlöwen fest, der nach einigen Diskussionen mit der Stewardeß auf dem Sitz festgeschnallt worden ist.

Schwitzend und voll innerer Spannung sieht Otto R. immer wieder zur Uhr, fährt aus einem Erschöpfungsnickerchen hoch und erkundigt sich zum dutzendsten Mal nach der Position.

Der Schöne Consul beschwichtigt gutmütig.

»Schlafen Sie nur ruhig weiter. Wir haben noch viel Zeit.«

Schließlich kommt die Ankündigung, daß die Maschine im Anflug auf den Kennedy-Airport sei.

Noch zwanzig Minuten bis zur Landung.

Otto R. springt auf und verschwindet mit einem Handkoffer in der Toilette.

Zehn Minuten später traut Weyer seinen Augen nicht, als er den kleinen korpulenten Mann im feierlichen Cut zurückkommen sieht. Das runde Gesicht mit den eingepolsterten flinken Augen ist hochrot vor Aufregung. In der einen Hand hält er den Koffer, in der anderen den Chapeau claque.

»Aber Herr R.! Wozu die ganze Pracht schon jetzt? Der Staatsempfang findet doch nicht in New York statt!« amüsiert sich Weyer.

Die Stewardeß kann nur mit Mühe ernst bleiben.

Der Bauunternehmer blickt verlegen um sich.

»Wieso New York? Ich dachte, wir sind gleich in Südamerika, am Ziel...«

»Nein, von hier aus haben wir etwa die gleiche Flugzeit noch mal vor uns.«

»Bitte anschnallen und das Rauchen einstellen!« tönt es vom Bordlautsprecher. Otto R. läßt sich in den Sitz fallen.

Die große Erschlaffung kommt nach all den aufregenden Stunden über ihn.

Wenig später bewegt sich eine seltsame Prozession zum Transitraum. Hinter Weyer der kleine Herr in Cut und Zylinder. Gefolgt von seinem Diener, der den Porzellanlöwen vor sich herträgt.

Auf dem Weiterflug überkommt Otto R. eine unstillbare Eßlust.

Er tafelt mit der Inbrunst eines Schlemmers, dem große Entbehrungen bevorstehen.

Nach einer Flasche Champagner befällt ihn gelassene Heiterkeit, die sich in zufriedenen Schlaf auflöst.

So verpaßt er beinahe die Ankunft.

Die Maschine rollt aus.

Otto R. reckt sich auf und erteilt seinem Diener letzte Anweisungen, wie er den Löwen vor sich hertragen und überreichen soll.

Den Klappzylinder vor der Brust, steigt er dann würdig zum Rollfeld herab.

Verblüfft bleibt er auf der letzten Treppenstufe stehen.

Das Rollfeld ist trostlos leer.

Einige Passagiere trotten zu dem häßlichen kleinen Abfertigungsgebäude. Zwei Mann vom Bodenpersonal stehen abseits.

Die Stewardeß lächelt freundlich Lebewohl.

Sonst geschieht nichts.

Kein roter Teppich.

Keine Ehrenkompanie oder Musik.

Kein Mensch zur Begrüßung.

Hilflos sieht er zu Weyer auf.

»Das habe ich mir etwas anders vorgestellt!« sagt er leise und enttäuscht.

Der Schöne Consul ist selbst ratlos.

»Warten Sie nur ab, wir gehen erst mal zum Empfangsgebäude«, meint er knapp und setzt sich an die Spitze der Prozession.

Aber auch in der nüchternen Halle ereignet sich nichts.

Weyer ringt gerade um eine leidlich plausible Erklärung, da dröhnt es vom Eingang her.

Sechs Polizisten donnern auf uralten Motorrädern heran und stürmen in die Empfangshalle. Auf ihren Stahlhelmen leuchten die Buchstaben MP.

Im ersten Augenblick weiß man nicht, ob das eine Begrüßung oder eine Verhaftung werden soll.

Dann reißen sie lachend die Helme herunter und freuen sich. Die Lage ist geklärt.

Vor der Glastür ist ein betagter Chevrolet vorgefahren. Die Karosse für den Staatsbesucher.

Neben dem Wagen steht ein würdiger Herr, der beim Herannahen der Gruppe überschwenglich auf den löwentragenden Diener zueilt und erst nach einer Erklärung Weyers merkt, daß der kleine Herr im Cut der erwartete Besucher ist.

Im Durcheinander hat zunächst niemand auf Otto R. geachtet. Aber dann ergießt sich das südamerikanische Temperament über ihn so elementar, daß er ganz benommen wird.

Schweißüberströmt läßt er sich schließlich in den Fond des alten Chevrolet fallen.

Geführt und flankiert von den motorisierten Polizisten, geht es dann in rasender Fahrt zum Palais des Staatspräsidenten.

Hier wird Otto R. für alle Enttäuschung entschädigt.

Während der Wagen auf das Portal zufährt, treten zwei prächtig ausgestattete Wachen heraus und präsentieren.

Sie stehen wie zwei gußeiserne Figuren unter Gewehr.

Der zum Empfang entsandte Minister geleitet den Gast zum Eingang, Weyer geht zur anderen Seite, der Diener folgt mit dem Porzellanlöwen.

Dieser Einzug ist so überwältigend, daß dem Bauunternehmer die Tränen in die Augen treten.

Während die Gruppe in der Empfangshalle des Palais eine kurze Zeit verweilt, flüstert er Weyer zu:

»Das ist der größte Tag in meinem Leben ...«

Der Schöne Consul fühlt im nächsten Augenblick, wie ihm etwas in die Jackentasche geschoben wird.

Er tastet unauffällig nach und spürt zwischen den Fingern ein Bündel Banknoten.

Eine hohe Tür öffnet sich.

Die Gruppe bewegt sich langsam darauf zu. Der Minister und der Schöne Consul sorgen dafür, daß der Staatsbesucher Otto R. einige Schritte voraus an der Spitze geht.

Da ertönt etwas holprig, aber sehr laut und feierlich das Deutschlandlied.

Durch ein dichtes Spalier geht es langsam auf eine weitere hohe Tür zu, die sich nach innen öffnet.

Im Hintergrund eines pompösen Empfangssaales wird ein Mann erkennbar, der nur der Staatspräsident sein kann.

Uniformen, Blumen, gleißendes Licht.

Otto R. ist so erregt, daß er in Erinnerung an seine Militärzeit so etwas wie einen Paradeschritt andeutet, sich aber dann noch rechtzeitig beherrscht und mit unnatürlich steifem Gang auf das Staatsoberhaupt zuschreitet.

Das Herz schlägt ihm bis zum Hals.

Fünf Schritte vor dem Präsidenten macht er am Rande eines Teppichs halt und verbeugt sich tief.

So bleibt er stehen, bis die Nationalhymne verklungen ist.

»Ich freue mich, Sie in meinem Land begrüßen zu können und hoffe, Sie hatten eine gute Reise...«, sagt der Präsident in leidlichem Deutsch und lächelt freundlich auf Otto R. herunter.

Der Bauunternehmer kann vor Aufregung kaum sprechen. Nochmalige tiefe Verbeugung.

»Es ist mir eine hohe Ehre, Herr Präsident!« deklamiert er überlaut. »Ich danke für den Empfang und darf Ihnen eine kleine Aufmerksamkeit aus meiner Heimat überreichen.«

Mit einer Handbewegung dirigiert er den Diener nach vorn.

Der Präsident und der Porzellanlöwe sehen sich kurz in die Augen.

Dann springen zwei Bedienstete heran und übernehmen das Gastgeschenk.

»Oh, ein deutscher Löwe, wie ich sehe!«

»Sozusagen ein bayerischer Löwe, Herr Präsident. Ein Wappentier...«, kommentiert Otto R. und streichelt die Porzellanmähne mit zitternden Händen.

»Er wird einen Ehrenplatz bekommen. Ich danke Ihnen!«

Mit einer erneuten Verbeugung überreicht der Bauunternehmer eine saffianlederne Mappe.

»Und das hier soll ein bescheidener Beitrag zum Aufbau sein, soweit ich ... soweit meine schwachen Kräfte ...«, verhaspelt er sich hoffnungslos.

»Ich danke Ihnen im Namen meines Landes.«

Der Präsident weiß, daß die Mappe dreißigtausend harte D-Mark enthält.

»Meine Herren werden Ihnen während Ihres Aufenthaltes die Schönheiten unseres Landes zeigen. Ich bitte Sie aber zunächst, heute abend mein Gast zu sein.«

Damit ist die erste Audienz beendet.

Nach zwei anregenden Tagen, ausgefüllt mit Besichtigungen und Empfängen, hat sich Otto R. schon in die Rolle des Staatsgastes eingelebt.

Er genießt jede Stunde.

Er freut sich über jeden Fotografen, der die historischen Augenblicke festhält.

Er ist ›König für einen Tag‹ wie im Märchen.

Aber er durchlebt das Märchen gleich dreimal.

Für drei Tage ist der Alltag in Europa weit zurückgelassen, der Wachtraum einzige Wirklichkeit.

So leben die Großen dieser Welt.

Und Otto R. aus der Bundesrepublik Deutschland.

Am letzten Abend gibt der Gast den Ministern und Staatssekretären ein Abschiedsessen im einzigen Europäerhotel der Hauptstadt.

Champagnerselig klopft er zu später Stunde an sein Glas und kommt zum letzten Höhepunkt dieser Reise, zu seiner großen Dankesrede.

So hat er es im Fernsehen oft bewundernd betrachtet.

So will er diesen Traum beschließen.

Nach zehn Minuten konzentrierter Phrasen, die zum Glück von den meisten nicht verstanden werden, kommt er zum Schluß:

»... und so möchte ich mit großer Bewunderung für Ihr schönes Land und gerührtem Dank für Ihre Gastfreundschaft jedem von Ihnen, meine Herren, zum Abschied die Hand drücken...«

Gelangweilt beobachtet der Schöne Consul, wie Otto R. seine Runde um die Tafel beginnt.

Dann sieht er genauer hin.

Hat dieser Unglücksvogel da nicht eben dem Außenminister einen Hundertmarkschein in die Hand gedrückt?

Jetzt dem Innenminister ebenso.

Tatsächlich bleibt kein Minister und kein Staatssekretär ohne den Hundertmarkschein in der Hand zurück.

Die Herren starren erstaunt auf das Geld in ihrer Hand.

Da muß sofort etwas geschehen! denkt Weyer geistesgegenwärtig. Die Blamage ist sonst nicht auszudenken.

Laut klatscht er in die Hände.

»Exzellenzen, meine Herren! Vielleicht haben Sie die hochherzige Geste unseres Freundes eben nicht richtig verstanden. Herr R. möchte zum Abschied noch eine größere Spende an das Rote Kreuz machen – und zwar nicht direkt, sondern durch Ihre Hand!«

Allgemeines Raunen und dann lebhafter Beifall.

Ein bescheidener Mann, dieser Deutsche, der die Ehre des Dankes seinen Freunden überläßt.

Eine schöne Geste.

Weyer atmet erleichtert auf, als endlich alles vorüber ist.

Jetzt hängen bereits in mehreren neureichen Chefzimmern großformatige Fotos, die den Boß des Unternehmens an der Seite eines afrikanischen oder südamerikanischen Staatspräsidenten zeigen.

Sie sind nicht zu übersehen, und sie werden auch nicht übersehen.

Oft erregen sie sogar Bewunderung.

Männer mit solchen Verbindungen macht man gern zu Ehrenvorsitzenden von Vereinigungen und Interessenverbänden. In Tennis- oder Segelclubs mit beziehungsreichem Hintergrund sind sie gesellschaftlicher Mittelpunkt.

Mit einem Wort: Sie sind ›in‹.

Anfragen nach solchen Arrangements kommen vorerst auf eine Warteliste, denn es gibt mehr geltungsbedürftige Millionäre als bereitwillige Staatspräsidenten.

Blechgeschäfte

oder

Das Große Verdienstkreuz als kurzlebiges Wirtschaftsgut

Sechshundert-Mark-Preisschilder zieren heute bereits Luxusmodelle auf der weitgefächerten Angebotspalette von Schwarz-Weiß-Fernsehgeräten. Für genau 600 Deutsche Mark bietet auch ein weithin bekannter Ordensspezialist, laut Firmennamen Hof-Juwelier und Hof-Lieferant in einer bayerischen Kleinstadt, das Großkreuz mit Schulterband und Stern feil. Der Endverbraucher, also der Ordenskäufer, muß sich dabei nicht einmal über den üblichen lästigen Preisaufschlag via Mehrwertsteuer ärgern. Der Hoflieferant macht das Ordensvergnügen ohne Mehrwertsteueraufschlag möglich. Mit grüner Stempelfarbe wird diese preisliche Überraschung mehrmals in der Preisliste den Käufern kundgetan.

Wer aufmerksam die Preisliste studiert, entnimmt ihr noch eine weitere Frohbotschaft. Eingerahmt steht da zu lesen: »Unsere Kunden im In- und Ausland sind immer wieder begeistert durch unsere hohe Qualität. Nicht der Preis ist ausschlaggebend bei einem Artikel, der seine Würde in sich trägt, nur die Qualität in Ausführung und Material.«

Allerdings: Wer blindlings und in gutem Gottvertrauen Orden kauft, könnte sehr wohl enttäuscht werden. Der Artikel 1 des ›Erlasses über die Neufassung des Statuts des Verdienstordens der Bundesrepublik Deutschland‹

vom 8. Dezember 1955 bestimmt: ›Der Verdienstorden der Bundesrepublik Deutschland wird vom Bundespräsidenten verliehen und kann als Zeichen der allgemeinen Anerkennung in Form eines Ordenszeichens getragen werden.‹

Und im Artikel 7 Absatz 1 steht geschrieben: ›Alle Beliehenen erhalten eine Urkunde mit der Unterschrift des Bundespräsidenten. Die Urkunden über die Verleihung des Großkreuzes, des Großen Verdienstkreuzes mit Stern und Schulterband und des Großen Verdienstkreuzes mit Stern tragen das große, die über die Verleihung des Großen Verdienstkreuzes, der beiden Verdienstkreuze und der Verdienstmedaille das kleine Bundessiegel.‹

Unterschrieben haben diesen Erlaß am 8. Dezember 1955 Bundespräsident Heuss, Bundeskanzler Adenauer und Bundesinnenminister Dr. Schröder.

Es läßt sich schwer vorstellen, daß diese honorigen Repräsentanten des Staates Teilbefugnisse an einen Hofjuwelier abgegeben haben. Ein Orden ohne die Urkunde mit der Unterschrift des Bundespräsidenten und dem Bundessiegel ist eben wie ein Korsett ohne Stäbchen: Es trägt sich schlecht. Trotzdem: Für sechs Hundertmarkscheine wird der zweithöchste Orden der Bundesrepublik Deutschland, das ›Großkreuz mit Schulterband und Stern‹, angeboten. Daß der höchste Orden, die ›Sonderstufe des Großkreuzes‹, im Angebot fehlt, liegt vielleicht daran, daß dieser Orden vom Bundespräsidenten nur an Staatsoberhäupter verliehen wird. Wer möchte sich also mit dieser bedeutenden Auszeichnung schmücken? Staatsoberhäupter werden sowieso meistens mit Orden überhäuft. Und der Bewunderer könnte merken, daß man keines ist.

Deutschlands Fußballidol Uwe Seeler, den das halbe Land über Jahre mit ›Uwe-Uwe‹-Rufen bei wichtigen Länderspielen im Stadion zu neuen Höchstleistungen anfeuerte, durfte sich als erster aktiver Sportler das Große Verdienst-kreuz umhängen. Der Hofjuwelier in Oberbayern hat es für 85 Mark in seiner Preisliste stehen. Ab Lager. Lie-ferungsmöglichkeit vorbehalten. Versand gegen Nach-nahme oder Voreinsendung des Betrages zuzüglich Ver-sandspesen. Versand auf Gefahr des Bestellers.

Auch Quizmaster Peter Frankenfeld gehörte im Jahre 1970 zu den Prominenten unter den Ausgezeichneten. Für seine Tätigkeit als Quizmaster der Sendung ›Vergißmeinnicht‹, die zugunsten der ›Aktion Sorgenkind‹ 36 Millionen Mark einbrachte, überreichte ihm der schleswig-holsteinische Ministerpräsident, Helmut Lemke, das Bundesverdienst-kreuz Erster Klasse. Ein respektloser Blick in die bereits mehrmals zitierte Preisliste offenbart dafür die lächerliche Summe von 27 Mark. Sicher, man sollte derartige Listen nicht so ernst nehmen. Schließlich werden Orden in An-erkennung von außerordentlichen Verdiensten überreicht. Sie sind also nicht mit barer Münze aufzuwiegen.

Nun hegen aber nicht gerade wenig Bürger den geheimen Wunsch, mit ordengeschmückter Brust bei gesellschaft-lichen Anlässen oder im Geschäftsleben zu glänzen. Das häufigste Motiv zum Ordenskauf, so der deutsche Titel-vermittler, Hans Hermann Weyer, besteht darin, Ge-schäftsfreunden bei unpassender und passender Gelegen-heit mit den Orden zu imponieren: Nach Weyers Aussage sei ›gerade dieser Umstand‹ für ihn sehr geschäfts-fördernd.

Über das Geschäft selbst: »Besonders gefragt sind Orden, die an einem Band um den Hals getragen werden. Sie sind erstens sehr dekorativ und verraten andererseits bereits optisch die hohe Stufe. Man kann sie auch bei allen mög-lichen gesellschaftlichen Anlässen gut zum Frack tragen. Diese Orden bilden also den optimalen Gegenwert fürs

Geld. Die sogenannten Brustorden sind wesentlich weniger gefragt, denn sie werden bei Staatsbesuchen oft an Eskortenführer und Begleitpersonal verliehen. Im allgemeinen sind also auch meine Kunden nicht bereit, für solch mindere Ehrungen viel Geld auszugeben.« Soweit der Schöne Consul zu Brust- und Halsorden.

Seine Meinung zu den anderen Ordenskategorien: »Die Orden mit großen schillernden Schulterbändern erfreuen sich hoher Beliebtheit, wenngleich sie allerdings außerordentlich teuer sind. Ich kenne einen südamerikanischen Präsidenten, der bereit ist, für Beträge zwischen zweitausend und sechstausend Dollar Orden aller Stufen zu verleihen. Leider fehlt es allerdings einer Reihe von Ordensträgern am nötigen Taktgefühl und Geschmack, sich bei der richtigen Gelegenheit damit zu präsentieren. Es kommt vor, daß Leute bei den unmöglichsten Anlässen Ordensschmuck anlegen und sogar die Schärpenbänder an der Jackentasche drapieren. Ebenso kann man beobachten, wie Leute Schärpenbänder so an der Hose befestigen, daß der untere Rand des Bandes und der Orden unter der Jacke heraussehen.«

Wer sich mit seinem Orden unters Volk mischen will, die Anlässe dazu sind allerdings sehr beschränkt, wird sich also einen ausländischen Orden vermitteln lassen. Den bekommt er noch am ehesten mit unterschriebener Urkunde und Staatssiegel. Welchen Rang er in der Ordenshierarchie einnimmt, wird nicht jeder auf Anhieb feststellen können. Wer kennt sich schon bei den Hunderten von verschiedenen ausländischen Orden aus? Hauptsache: Der Orden hebt seinen Träger durch Größe, Brillanz und reiche Verzierungen auf Gesellschaften besonders hervor.

Wieweit sich ausländische Staatsmänner goldene Nasen mit ›Ordensausschüttungen‹ verdienen, läßt sich schwer feststellen. Weyer macht jedenfalls auch damit Geschäfte. Allerdings dürften sich die Einnahmen aus einem eventuellen Ordensgeschäft für beide Parteien, Vermittler und Staat bzw. seine Repräsentanten, bescheiden gegenüber anderen Einnahmequellen ausnehmen. Trotzdem: Der Ordenshandel gilt als altes Gewerbe, das sich historisch bis in die vatikanischen Gemächer nachweisen läßt.

Geschichtsschreiber wissen von manch sonderbarem Ordensgebaren im weltlichen Staate Gottes zu berichten. Sie zitieren in diesem Zusammenhang zum Beispiel Leo X., der den Orden vom Heiligen Peter ins Leben rief. Tausend Gulden mußte jeder Ordensritter in den vatikanischen Säckel stecken. Als Privileg für die finanzielle Einlage bekamen die so ausgezeichneten Zinsen aus einem Betrieb des Vatikans, dem sie gleichzeitig als Geschäftsführer vorstanden. Sicher kein schlechter wirtschaftlicher Schachzug.

Ein weiterer Papst, Paul III., stiftete den Orden des Heiligen Paulus. Geldschwierigkeiten sollen auch hier zugrunde gelegen haben. In der vatikanischen Staatskasse klaffte jedenfalls damals ein böses Loch von 200 000 Scudi, das es möglichst schnell zu stopfen galt. Über eine entsprechende Aufnahmegebühr für den Orden des Heiligen Paulus konnte schließlich der kirchliche Etat wieder ins Lot gebracht werden.

Die so durch finanziellen Aderlaß zu Ordensruhm gelangten Italiener durften ihre Auszeichnung täglich einer breiteren Öffentlichkeit sichtbar machen. Nach den Ordensstatuten war es ihnen erlaubt, jeden Tag im Lateran zu speisen. Damit kam der Vatikan sicher einem weitverbreiteten Wunsch vieler Ordensfreunde nach: in der Öffentlichkeit glänzen zu können.

Dieses Motiv bewegte auch jüngst einen deutschen Großindustriellen, dem ein ausländischer Orden verliehen wurde. Mit einem schlichten Händedruck und dem üblichen ›an die Brust heften‹ des reich verzierten Bleches wollte er es nicht bewenden lassen. Bilder von derartigen Zeremonien liegen ja zu Dutzenden bei den Bildagenturen. Sein Wunsch war es, wenigstens in einer Kutsche vor dem Regierungspalast des Landes, in dem die Verleihung stattfand, vorfahren zu können. Umfangreiche Ausnahmegenehmigungen waren für die Erfüllung dieses sonderbaren Wunsches erforderlich. Doch lassen sich bekanntlich auch die ausgefallensten Vorhaben realisieren. Gegen entsprechendes Kleingeld. Weyer umschreibt das in diesem Falle so: »Der Herr war gezwungen, kräftig zu spenden.« Jedenfalls lief alles zur vollsten Zufriedenheit ab. Die historische Stunde hielt ein guter Fotograf mit seiner Kamera fest. Das schönste Bild des erhabenen Augenblicks hängt heute wandfüllend im pompösen Arbeitszimmer des Großindustriellen. »Insidern« in Sachen Titel und Orden entlockt diese Zimmerzierde ein spöttisches Lächeln. Doch bei den Buchhaltern und anderen Angestellten, die in diesem Zimmer um Gehaltserhöhung nachsuchen müssen, verfehlt es sicher nicht seine Wirkung. Nach dem Motto: »Unser Chef ist eben doch der Größte. Er hat immer recht – auch wenn er für das miese Gehaltsgefüge wirtschaftliche Schwierigkeiten angibt.«

Pompöse Ordensverleihungen will der bereits zitierte Hofjuwelier sicher nicht inszenieren. Er verkauft ja nur schlicht Orden. Nach Katalog. Wie bei Versandhäusern. Doch hat er den professionellen Titel- und Ordenshändlern, die Orden mit Urkunde, erlauchter Unterschrift und Staatssiegel übergeben, einiges voraus. Er liefert auch die früher so begehrten und sicher ebenso verhaßten Kriegsauszeichnungen aus dem Dritten Reich sowie sämtliche Orden und

Tätigkeitsabzeichen der früheren Bundesstaaten des Deutschen Kaiserreichs und der früheren Verbündeten wie Italien, K. u. K. Österreich-Ungarn, Königreich Ungarn (Horthy), Bulgarien, Rumänien, Türkei und Finnland. Doch damit nicht genug. Auch spanische und indische Orden stehen auf der Preisliste. Laut Fettdruck sind sogar »sämtliche Original-Orden, Miniaturen, Bänder aller ordenverleihenden Staaten lieferbar«.

Die Preisliste 14, die im September 1970 versandt wurde, beinhaltete Orden aus dem Zeitraum 1933 bis 1955 in der neuen Ausführung ohne Hakenkreuz. Dazu der erläuternde Brieftext: »Diese Orden in der verliehenen Ausführung mit Hakenkreuz darf ich liefern, wenn Sie mir eine eidesstattliche Versicherung einsenden, daß Sie diese Auszeichnungen nur zur Erinnerung anschaffen, diese weder tragen, noch der Öffentlichkeit zugänglich machen werden.«

Und über neue Orden beinhaltet das Begleitschreiben folgende interessante Nachrichten: »An lebenden Orden, also Auszeichnungen, die noch heute verliehen werden, finden Sie auf Seite 7 den Bundesverdienstorden. Arbeiten lassen kann ich Orden von 1. Republik Österreich Mil. Verd. Kreuz 1. Kl./II und 3. Kl. DM 650.–/380.–/210.–/UdSSR Vaterland-Orden DM 210.–/Griechenland Georg I., ferner Österreich Auszeichnungen der Feuerwehr, des Bundesheeres, der Gendarmerie, der Zollwache, alle Verdienstzeichen von Nieder-Österreich, des Burgenlandes, von Vorarlberg, die Orden des Königreiches Burundi, Preise von DM 165.– bis DM 1 000.–.«

Aus der aufschlußreichen Preisliste seien hier nur die wichtigsten Posten zitiert:

Verdienstorden der Bundesrepublik Deutschland

Großkreuz mit Schulterband und Stern	DM 600.–
Großes Verdienstkreuz mit Schulterband und Stern	DM 500.–
Großes Verdienstkreuz mit Stern ohne Schulterband	DM 480.–
Großes Verdienstkreuz	DM 85.–
Verdienstkreuz (Steckkreuz)	DM 27.–
Verdienstkreuz am Band	DM 22.–
Frack-Dekoration	DM 6.–
Band-Rosette	DM 12.–
Verdienstmedaille mit Band für Begleitpersonen	DM 25.–
Zivilschleife 8 mm	DM 3.–
15 mm	DM 4.–
Metallknopf mit Auflage, Miniature	DM 8.–
Metallknopf mit Auflage, Großkreuz	DM 12.–
Miniature-Anhänger	DM 8.–

Frühere deutsche Orden

EK 1939 1. Klasse im Etui 22.55, dto. 2. Klasse	DM 16.50
EK 1914 1. Klasse versilbert 22.55, 2. Kl. versilb.	DM 16.50
dto. echt Silber	DM 44.–

dto. echt Silber	DM 38.–
Spange zum EK 1914, 1. Kl. m. Nadel und	
2. Kl. mit Stiften	DM 10.60
Ritterkreuz zum EK 1939, echt Silber, mit Band	DM 82.50
dto. unecht versilbert, mit Band	DM 55.–
Eichenlaubz. Ritterkreuz d. EK 1939, echt Silber	DM 30.–
dto. unecht versilbert	DM 16.50
Eichenlaub m. Schwetern z. Ritterkr. d. EK 1939,	
echt versilbert	DM 36.–
dto. unecht versilbert	DM 25.–
Deutsches Kreuz in Gold oder Silber	DM 72.–
Ostmedaille, Afrikamedaille	DM 15.–
Verwundetenabzeichen 1939, schwarz, hohl	DM 8.25
Silber massiv	DM 10.50
dto. Gold massiv	DM 13.20
Kriegsverdienstkreuz 1. Klasse mit Schwertern	DM 22.55
1. Klasse ohne Schwerter	DM 21.50
2. Klasse mit Schwertern	DM 16.–
2. Klasse ohne Schwerter	DM 15.–
Ritterkreuz des Kriegsverdienstkreuzes	
mit Schwertern, echt Silber, mit Band	DM 121.–
mit Schwertern, unecht, mit Band	DM 82.50
ohne Schwerter, echt Silber, mit Band	DM 115.–
ohne Schwerter, unecht, mit Band	DM 71.50
Kriegsverdienstmedaille	DM 13.20

HEER

Ehrenblattspange des Heeres	DM 18.–
Infanterie-Sturmabzeichen, silber	DM 15.–
bronze	DM 15.–
Nahkampfspange, gold	DM 21.–
silber	DM 20.–
bronze	DM 20.–

Panzerkampfabzeichen, silber	DM	15.–
bronze	DM	14.–
Panzerkampfabzeichen höhere Stufen,		
mit Zahl 25 oder 50, bronze	DM	34.–
mit Zahl 25 und 50, silber	DM	35.–
mit Zahl 75 und 100, bronze	DM	35.–
mit Zahl 75 und 100, silber	DM	37.50
mit Zahl 200, goldfarbig	DM	40.–
Allgemeines Sturmabzeichen, silber	DM	15.–
Sturmabzeichen höhere Stufen,		
mit Zahl 25 und 50 je	DM	34.–
Sturmabzeichen höhere Stufen,		
mit Zahl 75 und 100 je	DM	37.50
Heeres-Flak-Abzeichen	DM	17.–

LUFTWAFFE

Ehrenblattspange der Luftwaffe	DM	18.–
Kampfabzeichen der Flakartillerie	DM	22.–
Fallschirmschützenabzeichen der Luftwaffe/		
oder des Heeres	DM	22.–
Erdkampfabzeichen der Luftwaffe	DM	22.–
Erdkampfabzeichen, höhere Stufen mit Zahl		
25, 50, 75, 100 je	DM	36.–
Nahkampfspange der Luftwaffe, bronze, silber,		
gold je	DM	35.–
Seekampfabzeichen der Luftwaffe	DM	30.–
Tiefflieger-Vernichtungsabzeichen, gold oder		
schwarz je	DM	13.50

MARINE

Ehrentafelspange der Kriegsmarine	DM	18.–
U-Boot-Kriegsabzeichen	DM	20.–
U-Boot-Frontspange, bronze, silber je	DM	20.—

Flotten-Kriegsabzeichen, Schnellboot-, Zerstörer-
und Hilfskreuzer-Kriegsabzeichen, desgl. für
Minensuch-, U-Boot-Jagd- u. Sicherungsverbände,
Marineartillerie, Blockadebrecher je   DM 20.–

Marine-Frontspange   DM 20.–

HEER

Ehrenblattspange   DM 4.50

Infanteriesturmabzeichen, Nahkampfabzeichen,
Panzerkampfabzeichen, Allg. Sturmabzeichen,
Heeresflak-, Bandenkampf-Abzeichen je   DM 3.–

LUFTWAFFE

Ehrenblattspange   DM 4.50

Erdkampfabzeichen höhere Stufen mit Zahl
25, 50, 75, 100 je   DM 7.50

MARINE

Ehrentafelspange   DM 4.50

U-Boot-Frontspange, Marine-Frontspange je   DM 4.–

Kampfabzeichen der Kleinkampfmittel je   DM 6.–

Adoption

oder

Die wunderbare Grafenvermehrung

Was tun, wenn man plötzlich dank Intelligenz, Fleiß und vor allem ausgesprochenem Geschäftssinns in den Club der Multimillionäre aufsteigt, dabei aber immer noch das Image mittelständischer Herkunft mit sich herumschleppt? Bernt Engelmann zitiert zu dieser Frage in seinem Bestseller ›Die Macht am Rhein‹ einen bekannten Namen, den deutsche Durchschnittsbürger dank unzähliger Illustrierten, auch über ›Society‹ bestens informiert, gleich mit dem kleinen Wörtchen ›von‹ verbinden. Mit Recht, wie Engelmann beweist. Während der Konzerngründer für Titel und Orden gar nichts Besonderes empfand und sogar der zu seinen Lebzeiten der noch höher in der Gunst des Publikums stehenden Aristokratie mehr oder weniger aus dem Wege ging, wollten seine Nachfahren auf das geschriebene Statussymbol der Blaublütler nicht verzichten. Willkommene Hilfe bot sich durch einen Adeligen aus dem Land der Magyaren, das durch seine Aristokratenschwemme bereits die Operettendichter berauschte. Im Falle der deutschen Großindustriellenfamilie griff man auf ein bewährtes Mittel zurück, das der Gesetzgeber trocken ›an Kindes Statt annehmen‹ nennt. Den schlichten Namen des jetzigen Konzernherrn wertet nun der gesellschaftlich arriviertere Vorspann Baron auf.

Ausgewachsene Adelsleute können stolz auf einen Zwei- bis Dreizeiler als Namen verweisen. Beispiel: der verunglückte Bayernprinz Konstantin. Er durfte folgenden Namenswurm in seinem Paß vermerken lassen: Prinz Konstantin Leopold Ludwig Adalbert Geord Thadeus Josef Petrus Johannes Antonius Franz von Assisi Assumption et omnes sancti von Bayern, Königliche Hoheit.

In Millionen von Romanheften wird das Klischee vom reichen Prinzen und der armen Bürgerstochter in immer neuen Varianten aufgemöbelt. Vielleicht resultiert daraus das letzte Aufbäumen eines immer mehr zum Aussterben neigenden Teilmarktes der weitverzweigten Titelgeschäftes. Mancher wohlhabende Industrielle gibt eben sein Töchterchen samt stattlicher Mitgift lieber einem blaublütigen Freier zur Frau als einem einfachen Bürger. Der Herr Schwiegersohn, ein Graf! Das hebt das Ansehen.

Der gekaufte Adelstitel macht sich auf dem Heiratsmarkt ab und zu noch bezahlt. Vielleicht auch in manchen Industriezweigen. Doch ansonsten purzeln die Werte für Adelstitel an der Imagebörse.

Wer sich für einen Adelstitel interessiert, muß einen längeren Papierkrieg durchstehen, da er ja nach dem Gesetz adoptiert wird. Mit anderen Worten: Ein Adeliger nimmt einen Bürgerlichen an Kindes Statt an. Theoretisch könnte jeder Graf auf diese Weise ganze Landstriche mit Grafen überschwemmen. Der Gesetzgeber hat sich allerdings für ›Fließbandadoptionen‹ einen Sperriegel in Form eines Gummiparagraphen geschaffen.

Außerdem werden für Adelige wie in früheren Zeiten keine Extrabrötchen mehr gebacken. Sie unterliegen denselben Adoptivgesetzen wie andere Bürger auch.

Zu beachten sind unter anderen folgende Grundsätze:

1. Der Adoptierende muß unbeschränkt geschäftsfähig sein.
2. Das Kind muß minderjährig sein.
3. Der Adoptierende muß das fünfunddreißigste Lebensjahr vollendet haben.
4. Der Adoptierende darf keine ehelichen Kinder haben.

Nun sind aber hier, wie bei fast allen Paragraphen, Ausnahmen möglich. Zum Beispiel kann der Adoptierte, also das ›angenommene Kind‹, bereits ein ausgewachsener Industrieboß sein.

Dazu der Gesetzgeber in § 1745 c. (Befreiung vom Erfordernis der Minderjährigkeit des Kindes.) Von dem Erfordernis der Minderjährigkeit des Kindes soll das Gericht befreien, wenn die Herstellung eines Annahmeverhältnisses sittlich gerechtfertigt ist. Über die sittliche Rechtfertigung müßte mit dem Richter verhandelt werden.

Wer glücklich alle Instanzen, Notar, Amtsgericht, Standesamt etc., mit seinem Adoptionsgesuch durchlaufen hat, kann sich unter Umständen zusammen mit seinem auf ›von‹ lautenden Paß eine böse Überraschung eingehandelt haben. Das Adoptivkind erbt ja meist auch Hab und Gut seiner Adoptiveltern. Im schlimmsten Fall ein Schloß, das keinen Pfifferling mehr wert ist. Auf dem Papier! Nicht so für den denkmalbewußten Staat. Er verlangt die Unterhaltung vaterländischen Gutes. Und so ein Schloß kann teuer werden. Dagegen nehmen sich sogar die hier angegebenen Forderungen eines Titelhändlers für Adelsprädikate bescheiden aus:

Kleine Preisübersicht

EINFACHER ›VON‹
Preis: 5 000 - 15 000 Dollar

EDLE, EDLER
Preis: 10 000 - 30 000 Dollar

BARON, BARONIN
Preis: 20 000 - 40 000 Dollar

GRAF, GRÄFIN
Preis: 40 000 - 45 000 Dollar

Der ›Balkan-Graf‹, also ein Grafentitel aus Balkanländern, ist schon ab 5 000 Dollar lieferbar.

Entwicklungs-Diplomaten

oder
Wie schwarze Missionsschüler in Bonn
goldene Brücken zur Heimat bauen

Das rote Telefon schnarrt.

Der Schöne Consul meldet sich, ein Ohr und den Blick weiter auf die Tagesschau konzentriert.

»Ja, bitte . . .«

»Hier Charles C. aus G. Ich in Bonn angekommen.«

»Herzlich willkommen! Wir werden in den nächsten Tagen . . .«

»Nicht viele Worte machen, Geld zu Ende . . .«

Weyer versteht sofort.

»Gut. Gehen Sie ins Hotel K. Ich rufe Sie dort in einer Stunde an.«

»Ich dort waren. Sehr eilig . . .«

Klick.

Die Leitung ist unterbrochen.

Der Schöne Consul stellt schmunzelnd den Fernsehton ab. Die Situation ist für ihn nicht neu, sie ist aber oft der Auftakt zu einer Reihe guter Geschäfte.

Er läßt sich mit dem Portier eines Bonner Prominentenhotels verbinden.

»Hier Weyer, guten Abend. Da wird sich in einer halben Stunde ein Afrikaner bei Ihnen melden, der künftige Missions-Chef von G. Bitte bringen Sie ihn auf meine Rechnung unter.«

»Zimmer mit Bad oder Suite, Herr Consul?«

»Vorläufig mal Zimmer ohne Bad irgendwo unter dem Dach. Man weiß ja nicht, wie lange sich die Sache hinziehen wird. Ich rufen den Herrn Charles C. in einer Stunde an.«

Am nächsten Morgen erinnert sich der Schöne Consul auf der Fahrt nach Bonn an seinen Besuch beim Staatspräsidenten von G.

Vor sechs Monaten hatte er dort Kontakt aufgenommen, um die Vergabe von Consulaten in der Bundesrepublik zu erörtern. Der Staatspräsident war damals sehr interessiert.

»Voraussetzung ist zunächst, daß meine Regierung diplomatische Beziehungen zu Bonn aufnimmt, aber das ist bereits eingeleitet. Ich werde im Herbst einen Missions-Chef entsenden. Er kann dann alle Einzelheiten mit Ihnen verhandeln.«

»Die Nominierung ist schon entschieden, Herr Präsident?«

»Ja, es ist ein Verwandter von mir. Sie haben ihn im Vorzimmer gesehen.«

Also der große barfüßige Protokollchef in Shorts und Khakihemd, der ihn freundlich grinsend in kultiviertem Französisch begrüßte und sogar ein leidliches Deutsch radebrechte, als er die Nationalität des Besuchers erfahren hatte ..., dachte Weyer.

»Ich werde Ihrem künftigen Botschafter gern behilflich sein. Er soll sich bei mir sofort telefonisch melden, wenn er in Bonn eingetroffen ist. Bitte geben Sie ihm einen Empfehlungsbrief an mich mit und statten Sie ihn mit den notwendigen Vollmachten aus, Herr Präsident.«

Dann hatte man über gewisse geschäftliche Einzelheiten gesprochen, die dem Präsidenten nicht unangenehm waren. Im Interesse seines Landes.

Im Bonner Prominentenhotel K. wird der Schöne Consul wie ein hoher Diplomat empfangen. Man kennt seine vielschichtigen Verbindungen, man schätzt ihn als guten Gast des Hauses, man macht sich seine Gedanken darüber, daß er die Rechnungen ausländischer Diplomaten zahlt.

Wenige Minuten später kommt Charles C. durch die Hotelhalle auf ihn zu.

»Gott sei Dank Sie gleich gekommen!«

Der Afrikaner streckt ihm die Hand entgegen und ist ehrlich erfreut, in der ihm fremden Umgebung das erste bekannte Gesicht zu sehen.

Er trägt Khakishorts und Sandalen. Um den Oberkörper ist eine kunstvoll gelegte buntstreifige Kamelhaardecke geschlungen. Sein freundliches Grinsen zeigt sichtliche Erleichterung, während er sich in den Sessel fallen läßt.

»Das ist selbstverständlich. Haben Sie alle besprochenen Dokumente mit?« kommt Weyer gleich zur Sache.

»In mein Zimmer!«

»Dann fahren wir am besten gleich hinauf!«

Unterm Dach angekommen, studiert Weyer die Papiere der Regierung von G. und nimmt das Schreiben des Präsidenten an sich. Er ist zufrieden.

»Wenn es Ihnen vorerst an Bargeld fehlt, stehe ich Ihnen zur Verfügung...«

»Oh – Geld fehlt sehr!«

»Ich habe hier eine kleine Abmachung vorbereitet, die Sie nur zu unterzeichnen brauchen. Sie bestätigen mir damit, daß Sie sich für meine Interessen verwenden werden, wenn Sie hier in Bonn etablierter Botschafter Ihres Landes sind. Außerdem vereinbaren wir, daß ich Ihnen geeignete consularische Vertreter in jedem Bundesland besorge. Das war alles schon so mit dem Präsidenten besprochen.«

Charles C. verbeugt sich bereitwillig.

Weyer macht sich keine Illusionen über die Rechtsgültigkeit einer solchen Vereinbarung, aber er verläßt sich auf die psychologische Wirkung dieses Schriftstückes bei allen künftigen Gesprächspartnern in Consulatssachen dieses afrikanischen Jungstaates. Es ist ja nicht der erste Fall.

Nach geleisteter Unterschrift legt er einen Briefumschlag auf den Tisch. Es sind ein paar Banknoten für den nächsten persönlichen Bedarf.

»Die Hotelrechnung geht zu meinen Lasten. In den nächsten Tagen haben Sie Zeit, sich etwas einzuleben, nachdem Sie Ihre Vollmachten im Auswärtigen Amt vorgelegt haben. Sollte inzwischen etwas Besonderes vorfallen, rufen Sie mich bitte an, ich werde Sie aber auf jeden Fall in Kürze wieder besuchen.«

Damit sind Weyers persönliche diplomatische Beziehungen zu G. konkret geworden.

Früher als die der Bundesrepublik Deutschland.

Wenige Tage später erkundigt sich Weyer telefonisch nach dem Stand der Hotelrechnung des Gastes aus G.

»Etwas über zweitausendsiebenhundert Mark, Herr Consul.«

»Hoppla! Wie setzt sich denn das zusammen?«

»Täglich ein Mietwagen mit Chauffeur, Restaurant und Bar, Zimmerservice außer den Übernachtungen.«

»Hm. Sagen Sie Seiner Exzellenz, ich werde morgen gegen Mittag kommen.«

Der Schöne Consul ist nicht sonderlich überrascht, denn so ähnlich verläuft die erste Begegnung mit dem europäischen Leben fast immer. An das Geldausgeben gewöhnen sich die Herren schneller als an das Bonner Klima. Er wird Charles C. ein wenig bremsen müssen.

Am nächsten Mittag trifft er Charles C. in der Tagesbar des Hotels.

Im Kreise fröhlicher Whisky-Zecher.

Ein flüchtiger Blick genügt Weyer, um zu übersehen, daß es die üblichen Schmarotzer sind. Leute mit dem sicheren Blick für unerfahrene Ausländer.

Charles C. winkt ihm fröhlich zu.

»Trinken Sie mit uns, Consul!«

»Bedauere, aber wir haben wichtige Angelegenheiten zu besprechen, Monsieur. Vielleicht können Sie sich möglichst bald von den Herren verabschieden.«

Die Runde mustert Weyer unfreundlich, während Charles C. den Bon des Barkeepers unterschreibt.

Dann folgt er Weyer freundlich grinsend in die Halle.

»Ich freue mich, daß Sie sich inzwischen schon etwas eingelebt haben!«

Charles C. strahlt.

»Oh, sehr nette Leute hier in Bonn, sehr lustig!«

»Aber leider die falschen, Monsieur. Es ist natürlich nötig, daß Sie Kontakte aufnehmen. Da das alles aber sehr viel Geld kostet, schlage ich vor, Sie lassen sich dabei von mir beraten. Nicht jeder, der gern Whisky trinkt, ist seinen Drink wert, und Sie sollten da etwas Rücksicht auf Ihre künftige Position nehmen, Exzellenz.«

Der künftige Missions-Chef behält seine unbefangene Fröhlichkeit.

»Sehr gut. Was soll ich machen?«

»Ich werde veranlassen, daß Sie noch heute in eine Suite umziehen und künftig Ihre Gäste dort im Salon empfangen können. Dabei aber bitte nur sparsamste Bewirtung, das ist hier nun mal so üblich. In den nächsten Tagen werden sich bei Ihnen einige Herren melden, die meine Visitenkarte vorweisen. Es handelt sich um Consulats-Bewerber, die einen förmlichen Höflichkeitsbesuch machen. Bleiben Sie dabei bitte ganz zurückhaltend, ein paar freundliche Worte genügen. Sie waren schon beim Auswärtigen Amt?«

»Ich war. Man sagte, ich werde schon bald vom Bundespräsident empfangen. Sicher wegen Entwicklungshilfe...«

»Deshalb bestimmt nicht. Der offizielle Empfang beim Bundespräsidenten hat damit nichts zu tun, das ist später Sache der Ministerien. Zunächst brauchen Sie erst einmal eine Residenz.«

Charles C. ist begeistert.

»Residenz sehr gut. Aber woher soll ich nehmen Geld, Haus zu kaufen?«

»So etwas kann man in Bad Godesberg auch mieten. Ich werde gleich ein Inserat aufgeben. Bevor Sie nicht mit Ihrer Botschaft etabliert sind, werden Sie keine Mark Entwicklungshilfe zu sehen bekommen.«

»Und wer zahlt jetzt alles?«

»Überlassen Sie das vorerst mir, wir arrangieren uns dann später.«

Der Schöne Consul entwirft inzwischen die Anzeige:

Afrikanischer Staat sucht für neuen Botschafter
Residenz. Monatliche Miete bis DM 2 000.–.
Eilbewerbungen erbeten an S. Exc. Charles C. ...
zur Zeit Bonn, Hotel K.

Zufrieden steht er auf und verabschiedet sich.

»So, das wird in der Wochenendausgabe erscheinen. Rufen Sie mich bitte an, wenn Angebote vorliegen, und seien Sie bis dahin nicht mehr allzu gastfreundlich!«

Charles C. streckt ihm die große Hand entgegen und lacht herzlich. Er findet das alles sehr umständlich, aber auch sehr lustig.

»Europa sehr kompliziert!«

»Das ist alles ganz einfach, wenn Sie meine Ratschläge befolgen.«

»Très bien, mon ami!«

Schon wenige Tage später wird der Schöne Consul telefonisch alarmiert.

»Hotel K. – ich verbinde...«

»Monsieur Weyer?«

»Ja, was gibt es denn Neues?«

»Übermorgen ich bei Bundespräsident!«

»Aha – das ging aber schnell. Haben Sie Angebote auf das Inserat bekommen?«

»Auch ein paar Briefe, aber ich nicht so gut verstehen.«

»Ich besuche Sie morgen früh im Hotel.«

»Wird Bundespräsident mir sicher geben Hilfe für mein Land.«

»Aber ich habe Ihnen doch schon gesagt, daß es beim Antrittsbesuch nicht gleich gebündeltes Bares gibt. Zunächst brauchen Sie mal einen Cut!«

»Was, bitte?«

»Einen passenden Anzug für den Empfang. Wir werden das schon machen. Also bis morgen!«

Charles C. sitzt erwartungsvoll neben dem Schönen Consul in dessen schwarzer Staatskarosse.

Weyer fährt langsam durch die Straßen von Bonn, er sucht ein Herrenbekleidungsgeschäft.

Schließlich parkt er vor einem Laden.

Dem abschätzenden Blick des Verkäufers begegnet der Schöne Consul mit forscher Bestimmtheit.

»Wir brauchen einen Cut für Seine Exzellenz.«

»Darf ich den Herren Stoffe zeigen?«

»Nein, so viel Zeit steht nicht zur Verfügung. Etwas Fertiges bitte und die Änderungen bis spätestens morgen früh.«

Fachmännisch mustert Weyer die Vorlagen.

Charles C. hat seine bunte Kamelhaardecke abgewickelt, er steht in kurzen Khakihosen und weißem Hemd dabei.

»Der könnte passen«, meint Weyer.

Entzückt betrachtet sich Charles C. im großen Spiegel.

Weyer muß ein Lachen unterdrücken, während er den künftigen Missions-Chef in kurzer Hose mit Cut begutachtet.

»Nicht schlecht, aber die Ärmel sind zu kurz. Jetzt bitte noch die Hose.«

Charles C. will sich schon seiner Shorts entledigen, aber rechtzeitig wird er noch in die Umkleidekabine komplimentiert.

Als er wieder erscheint, hält er die gestreifte Hose mit beiden Händen fest.

»Nicht praktisch. Wie soll ich da schütteln Hand?«

Der Verkäufer dreht sich rasch um und verbirgt seine Heiterkeit hinter einem Hustenanfall.

Weyer zeigt freundliche Gelassenheit.

»Das wird alles geändert. Bitte nehmen Sie jetzt bei Seiner Exzellenz Maß. Inzwischen werde ich die Wäsche aussuchen.«

Charles C. läßt alles geduldig über sich ergehen. Es ist für ihn ein großer Spaß, so von allen Seiten bedient zu werden.

Mit geübten Griffen hat Weyer rasche Wahl getroffen.

»Schicken Sie morgen bis spätestens elf Uhr alles in das Hotel K., Rechnung an die Botschaft von G.

Charles C. sieht mit bedauerndem Blick, wie die neue Pracht fortgetragen wird. Man merkt ihm an, daß er am liebsten alles gleich mitgenommen hätte.

Tiefe Verbeugungen an der Eingangstür.

Der Schöne Consul hat es plötzlich eilig.

»So, und nun besorgen wir noch die passenden Schuhe!«

Charles C. trottet willig an seiner Seite.

»Und wann wir suchen Residenz?«

»Morgen, wenn Sie mit allem ausgerüstet sind und den Empfang beim Bundespräsidenten hinter sich haben.«

»Aber für Empfang ich brauche Auto.«

»Ich werde Sie fahren.«

»In Residenz muß ich dann eigenes Auto haben.«

»Sicher! Aber bitte alles der Reihe nach. In vierundzwanzig Stunden kann auch ich keine Botschaft ausstatten...«

Die Hausangebote sind nicht übel, aber sie liegen alle weit über dem Richtpreis von zweitausend Mark.

Schließlich entscheidet sich Weyer für ein Objekt im Stil der Jahrhundertwende. Der Mietpreis beträgt dreitausend Mark.

»Das könnte eine geeignete Residenz sein, Exzellenz!«

Der Botschafter nimmt die Unterlagen entgegen und betrachtet das beigelegte Foto des Hauses eingehend und kritisch.

Sei es die Anpassung an die feierliche Kleidung, sei es die Nachwirkung des Empfanges im Bundespräsidialamt — mit der natürlichen Würde seiner Rasse hat er sich innerhalb weniger Stunden in die neue Aufgabe eingestimmt.

»Wir werden besichtigen!«

Noch am gleichen Tage wird der Vertrag abgeschlossen.

Selbst auf dem bundesdeutschen Wohnungsmarkt wirkt der diplomatische Rang noch Wunder. Gegen eine Monatsmiete Sicherheit wird das altfeudale Bürgerhaus zur Residenz des Botschafters von G.

Weyer greift zur Brieftasche und beschließt, Seiner

Exzellenz den Ankauf des Mobiliars auf Rechnung zu empfehlen. Das gilt auch für den Wagen.

Mit Diplomatenpaß lassen sich Dinge regeln, die gewöhnlichen Sterblichen nie gelingen werden.

Für den Schönen Consul ist das eine geläufige Erfahrung und der neue Missions-Chef wird es schnell lernen.

Zwei Monate später fährt Weyer in consularischen Vermittlungsgeschäften zur Botschaft von G.

Er will gerade das Gebäude betreten, da kommt ein Herr auf ihn zu und zieht den Hut.

»Entschuldigen Sie, Herr Weyer! Könnte ich Sie einen Augenblick sprechen...«

»Was ist?«

»Ich kenne Sie zwar nur von Bildern...«

»Was wünschen Sie also?«

»Ich bin der Schneider des Herrn Botschafters und habe in den letzten Wochen sieben Anzüge geliefert. Aber ich bekomme trotz Rechnung und Vorsprache kein Geld.«

»Und was soll ich dabei?«

»Sicher wollen Sie den Herrn Botschafter besuchen. Vielleicht könnten Sie ein Wort für mich einlegen.«

»Ich sehe keinen Grund, mich einzumischen.«

»Man bekommt ja keinerlei Hilfe von den Behörden. Beim Auswärtigen Amt sagt man mir, daß die privaten geschäftlichen Angelegenheiten ausländischer Diplomaten dort nicht behandelt werden. Die deutsche Justiz ist unzuständig. Wie soll man da zu seinem Geld kommen?«

»Indem Sie warten, höflich schreiben und im übrigen hoffen!«

»Aber ein Wort von Ihnen...«

»Versprechen kann ich Ihnen da nichts!« schneidet Weyer die Unterhaltung ab und läutet an der Pforte.

»Dürfte ich nicht wenigstens mit Ihnen zusammen hineingehen?«

»Wie stellen Sie sich das vor? Sie werden doch schon gemerkt haben, daß jede Residenz exterritoriales Gebiet ist. Da kann Ihnen auch kein Polizist helfen, und ich denke nicht daran, mir Ihnen zuliebe Ärger zu machen. Bitte stören Sie mich jetzt nicht weiter...«

Ein dunkler Diener öffnet und verbeugt sich vor dem Schönen Consul.

Den Schneidermeister übersieht er souverän.

Bevor es zu einem Wort kommt, hat sich die Eingangstür hinter Weyer geschlossen.

Der Botschafter kommt ihm im eleganten nachtblauen Straßenanzug entgegen und geleitet ihn in sein Arbeitszimmer.

Nicht ohne verhaltenen Stolz.

»Gratuliere, Exzellenz! Sie haben sich in der kurzen Zeit prächtig etabliert...«, meint Weyer anerkennend und denkt dabei: Ein wenig zu klotzig, aber auf jeden Fall teuer.

»Ich habe übrigens am Eingang Ihren Schneider getroffen...«, deutet er vorsichtig an. »Wie ich sehe, ein Könner.«

Seine Exzellenz nimmt das Kompliment mit freundlicher Unbefangenheit.

»Sehr gut, finden Sie auch? Aber Lieferanten immer wollen Geld, jeden Tag Geld. Dabei wir warten selbst auf Geld, also müssen sie auch warten.«

Der Schöne Consul nickt nachdenklich.

»So ist das. Übrigens habe ich in diesem Zusammenhang gute Nachrichten für Sie...«

Dann sprechen die Herren über Geschäfte.

Etwa ein Jahr später hat die Botschaft von G. ein halbes Dutzend Consulate in der Bundesrepublik etabliert.

Vier der neuen Consuln werden nicht gern daran erinnert, daß es auf dem Weg zu dieser Würde einen Karriere-helfer gegeben hat. Es erinnert sie auch niemand daran, denn was es offiziell nicht gibt, wird nicht zur Kenntnis genommen.

Nach ein paar Jahren sind die kleinen Schönheitsfehler ohnehin von einer undurchdringlichen Patina überzogen.

C'est la vie.

Der Botschafter von G. hat inzwischen seine Aufgabe in Bonn zur Zufriedenheit des Staatspräsidenten gelöst.

Er ist jetzt Missions-Chef in einem anderen Land, mit dem die Beziehungen noch nicht so erfreulich gediehen sind.

Erfolgreiche Diplomaten reisen mit leichtem Gepäck.

Wenn der neue Botschafter auf gewisse Amtsgeschäfte seines Vorgängers angesprochen wird, macht er eine freundlich-gelangweilte Handbewegung.

»Darüber bin ich nicht orientiert, Sie wenden sich da besser direkt an meine Regierung.«

Aber auch dort dreht sich wie überall das Karussell der Versetzungen.

Es dreht sich, bis allzu Neugierigen dabei schwindelig wird.

C'est la vie.

Fließband-Ritter

oder

Die feierlichen Ritterschläge in der Kathedrale von S

Die Herren sitzen seit der Dämmerstunde an der Hotelbar zusammen.

Zunächst ist man sich beim Erfahrungsaustausch über das Nachtleben nähergekommen.

Dann spricht man über Geschäfte und Managersorgen.

Gegen Mitternacht beschließt man, die Zufallsbekanntschaft fortzusetzen.

Visitenkarten werden ausgetauscht.

Einer der Herren stutzt.

»Sie sind Ritter des St. Agatha Ordens?«

»Allerdings.«

»Klingt gut. Was ist das für eine Sache?«

»Ein italienischer Prinz ernennt die Ritter von St. Agatha, die Aufnahmezeremonie findet in der Kathedrale von S. statt.«

»Und wie kommt man zu der Ehre?«

»Man muß sich verdient gemacht haben.«

»Also sind Sie ein Mann mit internationalen Verdiensten.«

»Sie sollten das nicht überbewerten, meine Herren«, lächelt der Ritter von St. Agatha bescheiden.

»Erzählen Sie!«

»Ich fürchte, es wird Sie enttäuschen. Zudem liegt das alles schon zehn Jahre zurück...«

1960.

Hans Hermann Weyer, gerade zwanzig Jahre alt, bastelt schon an dem Problem, durch die Hintertür ins große Geschäft einzusteigen.

Sein Rezept: Kontakte zur internationalen Snobiety und zu denen, die gern dazugehören möchten.

Da gibt es zu vermitteln. Angenehm und ohne Arbeit kommt man an gebündeltes Bares.

Im Tennisclub...

Auf Gesellschaften...

Beim Drink in den exklusiven Hotels von London, Paris und Berlin.

So lernt Weyer den Prinzen D. kennen, einen italienischen Aristokraten mit ähnlichen Grundsätzen.

Der Prinz liebt das süße Leben.

Er hat Schlösser und Besitzungen, aber wenig Geld.

Dafür hat er verbriefte Rechte.

So ist er auch heute noch privilegiert, in seiner süditalienischen Heimat Ordensritter zu ernennen.

Weyer hört das mit großem Interesse, denn er wittert sofort ein Geschäft nach seinem Geschmack.

Könnte man nicht bundesdeutsche Neureiche zu Rittern machen? Man könnte schon, meint der Prinz.

Weyer nimmt die Sache in die Hand.

Man fährt gemeinsam nach Hamburg, dort finden sich in wenigen Tagen fünf Neumillionäre, denen der Titel eines Ritters vom St. Agatha Orden sechstausend Mark wert ist.

Die gemeinsame Autoreise geht zunächst nach Rom.

Während die künftigen Ritter sich in der Stadt umsehen und einen Bummel über die Via Veneto unternehmen, verhandelt Weyer mit einem Couturier.

Es geht um die Anfertigung von hundert weißen Umhängen mit den aufgestickten Emblemen des Ordens. Prinz D. ist dabei fachkundiger Berater, Weyer drückt auf Preise und Termine. Schließlich einigt man sich auf 189 Mark pro Stück, die ersten zehn Exemplare sind in drei Tagen zu liefern.

Dann erhält eine Spezialdruckerei den Auftrag, kurzfristig pompöse Urkunden herzustellen.

Nach diesen Vorbereitungen wird die Reise in den tiefen Süden fortgesetzt.

Im einzigen Prachthotel von S. ist eine Etage vorbestellt, aber es bleibt nicht viel Zeit, sich einzuleben. Der Prinz hat dank seiner feudalen Autorität einen Empfang im Amtssitz des Bischofs von S. arrangiert. Die bundesdeutschen Ritteranwärter werden mit Pomp und großer Liebenswürdigkeit empfangen.

Bürgermeister, Honoratioren und eskortierende Polizisten bilden den spektakulären Rahmen.

Südländischer Pomp, der den biederen Männern aus dem nüchternen Norden wohl tut.

Im Hotel wartet ein kaltes Büffet, das sich zu einem abendfüllenden Gelage ausweitet.

Das südliche Temperament wirkt ansteckend.

Die Herren feiern übermütig Abschied von dem grauen titellosen Dasein.

Alle Würdenträger von S. helfen dabei nach Kräften, und es bleibt offen, ob sie dies autorisiert oder aus traditionsbedingtem Respekt vor dem Prinzen tun.

In Süditalien läßt sich das nicht so genau abgrenzen.

Am nächsten Morgen bittet Weyer die Herren in einen Gesellschaftsraum des Hotels und überreicht jedem feierlich den weißen, prächtig bestickten Umhang.

Die angehenden Ordensritter erhalten eine ausführliche

Belehrung, wie sie sich bei der Zeremonie zu verhalten haben. Dann geht es in schneller Fahrt zur Kathedrale.

Gemessen schreiten die Ritter in ihren weißen Umhängen durch den Mittelgang des vollbesetzten prächtigen Gotteshauses.

Orgelklang, Weihrauch und gedämpftes Geraune.

In der ersten Reihe nehmen sie Platz.

Dann spricht der Bischof von der großen Freude und Ehre dieses besonderen Tages.

Orgelspiel und Chor, im Altarraum Priester und weihrauchschwenkende Meßdiener.

Der Bischof nimmt in einem Sessel Platz, während Prinz D. vortritt. Er trägt eine italienische Admiralsuniform, darüber den weißen Seidenumhang der Ritter von St. Agatha.

In der Hand ein prunkvolles Schwert.

Die Ritteranwärter erheben sich auf ein Handzeichen.

Der erste tritt vor und kniet vor dem Prinzen nieder.

Würdevoll senkt sich langsam das Schwert auf seine Schulter. Orgel, Chor und Weihrauch zaubern eine euphorische Stimmung.

Nach dem fünften Ritterschlag braust der gemeinsame Gesang der weit über tausendköpfigen Gemeinde durch die Kathedrale, während die neuen Ordensritter langsam und würdevoll durch den Mittelgang zum Portal schreiten.

Im Hotel erwartet die neuen Ritter vom St. Agatha Orden ein weiteres großes Festessen. Der Bischof, die Geistlichkeit und die weltlichen Würdenträger sind als Ehrengäste geladen.

Dann geleitet Weyer die Ritter in einen Nebensaal.

Prinz D. überreicht mit feierlichem Handschlag die imposanten Urkunden.

»Es wird von Ihnen erwartet, daß Sie sich den Statuten des St. Agatha Ordens entsprechend verhalten und daß Sie sich dieser Verpflichtung stets bewußt sind, im Sinne christlicher Grundsätze gegen andere hilfreich und gut zu sein.«

Die fünf hartgesottenen Geschäftsleute nicken ergriffen.

In diesem Augenblick haben sie wirklich solche Vorsätze.

Auf der Rückfahrt fragt einer von ihnen, ein Schürzenfabrikant aus B., Weyer etwas ratlos:

»Bei welchen Anlässen kann man den Umhang eigentlich tragen?«

Hans Hermann Weyer ist um eine Antwort nicht verlegen.

»Zu Hause immer und sonst beim Fronleichnamszug.«

»Und bei öffentlichen Empfängen?«

»Es gibt keine Bestimmung, die Ihnen das verbietet.«

Wenige Wochen später reisen die nächsten Ordensritter-Anwärter nach S. Diesmal sind es 16 Herren des neudeutschen Geldadels. Die Zeremonie ist jetzt schon Routine.

Erfolgsbeflügelt übertrifft sich Weyer noch im gleichen Jahre selbst. Er organisiert einen Charterflug mit 62 Ritter-Aspiranten. Als Prinz D. die stattliche Kolonne auf dem Flugplatz von S. erblickt, gerät er in Euphorie.

»Signor Weyer, wir brauchen unser ganzes Leben lang nichts anderes mehr zu tun, wir werden nur noch Ritterschläge austeilen. Die Kathedrale wird bald nicht mehr ausreichen!«

Aber die schönen Zukunftsbilder wurden nicht zur Wirklichkeit. Weyer sollte in der nächsten Zeit von den unangenehmen Seiten seines Lebensstils heimgesucht werden.

Der Organisator des Nachwuchses für den St. Agatha Orden bekam vorübergehend Ärger mit der deutschen Justiz. Ihm war nämlich seine Hamburger Firma lästig geworden, die er nie sonderlich ernst genommen hatte. Dazu kamen Gepflogenheiten, die keine Firma aushält: Wenn man den Umsatz als Verdienst wertet, monatlich DM 40 000.– verbraucht und mit Starlets Verlobungsringe tauscht, muß es selbst bei einem florierenden Unternehmen schiefgehen.

So sorgte das Schicksal vorerst dafür, daß die Ritterschläge von S. nicht zum touristischen Massenartikel wurden, und später waren andere Geschäfte wichtiger geworden.

Herbst 1970.

Hans Hermann Weyer, inzwischen dreißig, Hotelbesitzer und Vermögensmillionär, findet unter seiner Post einen Brief von der Direktion des Reisebüros XYZ.

Nach einem Blick auf den Briefkopf will er ihn schon in den Papierkorb werfen, die Ablage für Werbebriefe. Da fällt ihm ein Wort auf ...

»Ritter vom St. Agatha Orden.«

Er liest weiter.

Dann greift er zum Telefonhörer und verabredet mit dem Absender eine Zusammenkunft.

Sie findet zwei Tage später in Weyers Rotem Salon bei Whisky und Eis statt.

Reisebürochef Konrad M. kommt schnell zur Sache.

»Ich habe neulich einen Herrn getroffen, der sich auf seiner Visitenkarte als Ritter vom St. Agatha Orden bezeichnete. Als ich über den Orden Näheres wissen wollte, nannte er mir Ihren Namen.«

»Sie möchten aufgenommen werden?«

»Wie ich hörte, findet das in Italien statt, ein großer Teil meines Reiseprogramms ist auf italienische Orte ausgerichtet. Sie verstehen den Zusammenhang?«

»Ich denke, daß ich Sie verstanden habe. Aber ich betreibe die Sache schon lange nicht mehr. Gelegentliche Interessenten verweise ich direkt an den Prinzen D. nach S. Die Adresse können Sie mit einer Empfehlung gern haben.«

»Die Sache mit den Ritterschlägen ist also auch heute noch möglich und nach italienischen Gesetzen korrekt?«

»Sie sagen es.«

»Wie viele Leute haben Sie eigentlich zum Ritterschlag nach S. gebracht?«

»An die hundert in ein paar Monaten, zuletzt per Charterflug. Eine komplette Maschine voll angehender Ritter.«

»Und was waren das für Leute?«

»Größtenteils neureiche Fabrikanten, Manager mit Repräsentationspflichten. Karriereleute, die eine Verzierung ihrer Visitenkarte brauchten.«

»Interessant.«

»Heute sind Ehrendoktoren gefragter.«

»Aber die Ordensritterschaft hat einen klerikalen Hintergrund, außerdem ein gesellschaftliches Flair...«

»Der kirchliche Weiheakt in der Kathedrale kann durchaus eine Eigenmächtigkeit der lokalen Geistlichkeit sein, eine Bindung an die Traditionsrechte der fürstlichen Familie. In Süditalien liegen die Dinge nun einmal anders als bei uns, ich habe diese Zusammenhänge selbst nie recht durchschaut.«

»Aber in der Kathedrale werden heute noch Ritter vom St. Agatha Orden feierlich geweiht?«

»Gelegentlich, nicht mehr im großen Stil.«

»Das ließe sich wieder aktivieren?«

»Ich denke, schon. Ah – jetzt verstehe ich Sie!«

»Vielleicht bin ich daran interessiert, die alten Traditionen wieder aufleben zu lassen. Es wäre nicht Ihr Nachteil, wenn Sie mir helfen würden, die Weichen zu stellen.«

Der Schöne Consul schenkt Whisky nach und bietet die Zigarren für besonders gute Kunden an.

»Darüber läßt sich reden. Aber Sie können die Interessenten nicht gut durch Prospekte oder Inserate werben.«

»Natürlich nicht. Mein Reisebüro hat immer Kunden, die ganz Ausgefallenes suchen, und da muß man sich heutzutage schon etwas einfallen lassen. Dann gibt es bestimmte Kreise in exklusiven Golf-, Tennis- und Segelclubs...«

»Wem sagen Sie das!«

»Selbst für Leute mit ganz normal erworbenen Doktortiteln kann so ein Reiseandenken auf der Visitenkarte in unserer Gesellschaft recht nützlich sein.«

»Wenn das nicht so wäre, hätte ich meine Geschäfte schon längst an den Nagel gehängt. Also gut, wir können es versuchen, wenn die Sache für mich persönlich nicht in Arbeit ausartet...«

Es ist also nicht ausgeschlossen, daß die Ritterschläge von S. demnächst wieder in Mode kommen.

Hoheitsrechte

oder
Wo ist die Insel, auf der ich König sein kann

Das wird das Geschäft meines Lebens! denkt Hans Hermann Weyer und überliest noch einmal den Illustrierten-
Bericht:

KÖNIGREICH MEISTBIETEND ZU VERSTEIGERN

Vor England wird ein Königreich feilgeboten. Es ist ein
Felsbrocken in der Bucht von Bristol vor der englischen
Westküste, 5 Kilometer lang und 1 Kilometer breit – Lundy
genannt. Das Eiland gehört drei Damen, die jetzt ein Londoner Anwaltsbüro beauftragt haben, einen geeigneten
Käufer zu ermitteln. Lundy besitzt verbriefte Hoheitsrechte, die zehn Einwohner der Insel nennen den Besitzer
traditionell »King of Lundy«.
Eine Insel, auf der man als König alle staatlichen Hoheitsrechte besitzt!
Der Gedanke ist so faszinierend, daß sich der Schöne Consul erst einmal an der Hausbar versorgen muß, bevor er
die Möglichkeiten in seinem Sinne ordnet.
Als König von Lundy könnte er ein Millionärs-Paradies
schaffen, das alle Vorzüge von Liechtenstein, Monaco, Las
Vegas und Gretna Green vereinigt.
– Für Leute mit Geldüberschuß ließe sich ein Bank-Konsor-
   tium gründen, das ein unkontrolliertes Kontensystem
   bietet.

- Eine Pauschalversteuerung wäre für internationale Firmengruppen Anreiz, ihren offiziellen Hauptsitz auf Lundy zu etablieren. Dazu genügt ein Hochhaus für tausend Briefkasten-Firmen.
- Die Ausgabe eigener Briefmarken würde alle Sammler der Welt zu ständigen Abnehmern immer neuer Serien machen.
- Eine Spielbank brächte der »Königlichen Finanzverwaltung« unübersehbare Einnahmen.
- Auf Lundy ließe sich ein exclusives Holiday-Center bauen, in dem sich die Reichen der Welt erholen oder amüsieren können, in dem sie heiraten oder sich scheiden lassen, ihr Schwarzgeld anlegen, deponieren oder verspielen – und immer verdient der »König von Lundy« mit.

Hier wäre alles möglich, was Gesetze sonst verbieten – fünf Quadratkilometer Freiheit in einer Welt der Vorschriften, Verordnungen und Verbote...

Weyer ist von den Aussichten so berauscht, daß er noch an diesem Abend eine fieberhafte Aktivität entfaltet. Zunächst schickt er dem Londoner Anwaltsbüro ein telegrafisches Kaufangebot.

Dann verabredet er sich mit Rechtsanwälten, Industriellen, Bankiers und Sachverständigen kurzfristig in Hamburg. Während einer Zwischenlandung auf dem Flug nach London sollen dort erste Verhandlungen stattfinden. Von London aus will er dann seine künftige Insel besichtigen. Natürlich in Begleitung von Journalisten und Pressefotografen, denn Publicity ist das halbe Geschäft.

In dem Hamburger Luxushotel an der Alster ist der Schöne Consul Stammgast.

An der Reception wird er mit freundlichem Respekt be-

Königsanwärter

*Innen: Aus der Mustermappe
des größten deutschen Titelhändlers*

grüßt. »Die vier Konferenzzimmer sind reserviert, Herr Consul. In zwei Räumen warten die Herren bereits auf Sie.«

Weyer eilt in den ersten Konferenzraum.

Konzernherr L. legt die Wirtschaftszeitung aus der Hand und nimmt Weyers Begrüßung mit weltmännischer Gelassenheit entgegen.

»Ich bitte vielmals um Entschuldigung, wenn ich mich verspätet habe, aber die Verkehrsverhältnisse –«

»– sind immer schuld, ich weiß. Aber das ist alles nebensächlich, wenn Ihre telefonischen Andeutungen stimmen.«

»Sie werden sich gleich davon überzeugen können!« überhört der Schöne Consul den skeptischen Unterton und öffnet seinen Aktenkoffer.

Skizzen, Fotokopien und ein schnell beschafftes Kurzgutachten über Hoheitsrechte sind die Grundlage dieses Gespräches, das außer unverbindlichen Lexikon-Informationen nur von einer Idee getragen wird. Aber Weyers Überzeugungskraft macht daraus ein fertiges Konzept.

»Ich werde diese Insel kaufen, mein Angebot liegt in London bereits vor, die Finanzierung ist gesichert. Dabei sind die fünf Quadratkilometer Land nur die Plattform, alle mit dem Kauf von Lundy verbundenen Hoheitsrechte auszuwerten. Zunächst soll zusammen mit einer ausländischen Bankengruppe ein internationales Geldinstitut entstehen, das ein unkontrolliertes Kontensystem einrichtet. Dieses Unternehmen wird dann ein exclusives Ferienzentrum mit Spielbank gründen, die Einleger können sich auf Wunsch daran beteiligen. Selbstverständlich gehen die Pläne weiter, aber darüber möchte ich jetzt noch nicht sprechen.«

Der Konzernherr nickt verständnisvoll.

»Das genügt vorerst auch. Wer sind Ihre Bankpartner?«

Weyer nennt die Namen und schränkt vorsichtig ein:

»Betrachten Sie das bitte als streng vertrauliche Information. Vor der rechtsgültigen Übernahme der Insel soll darüber nichts bekannt werden.«

»Natürlich.«

Der Konzernherr zündet sich eine Zigarette an und überlegt kurz.

»Die Sache klingt nicht schlecht und wenn international erfahrene Finanziers von der Art Ihrer Bankpartner mitziehen, habe ich keine Bedenken, mich zu beteiligen. Im Prinzip bin ich interessiert, Gelder nach Lundy zu transferieren und mich auch an dortigen Objekten zu beteiligen. Das müßte im einzelnen abgesprochen werden, wenn alles unter Dach und Fach ist.«

Weyer atmet erleichtert auf. Der erste Geldgeber hat also angebissen und der erste ist immer der schwerste. Aber ein kühles Lächeln verdeckt seine Freude.

»Wenn alles unter Dach und Fach ist, wird es viele Interessenten geben. Vorzugsbedingungen kann ich aber nur den Partnern einräumen, die sich bereits jetzt an den Etablierungs-Vorkosten beteiligen.«

»Wie hoch?«

»Hundertfünfzigtausend –«

»Und was bieten Sie dafür?«

»Das Recht, sich in beliebiger Höhe am wirtschaftlichen Aufbau der Insel zu beteiligen.«

»Sie geben darüber einen Vertrag?«

»Nach vollzogenem Kauf. Vorerst muß mein Wort genügen.«

»Was geschieht, wenn der Kauf nicht zustandekommt?«

»Dann zahle ich zurück. Aber nach Lage der Dinge halte ich das für ausgeschlossen, ich werde die Insel bekommen.«

Der Konzernherr greift zur Brusttasche und zieht sein Scheckbuch.

»Viel Glück – und berichten Sie mir, sobald die Sache perfekt ist!«

Wenige Minuten später sitzt der Schöne Consul dem Vorstandsmitglied einer europäischen Bankengruppe gegenüber.

Wieder liegen die knappen Informationen über Lundy auf dem Tisch, aber Weyers Vortrag über seine Pläne interessiert mehr als diese gedruckten und abgelichteten Unverbindlichkeiten. Denn die Ideen sind genau das, was die meisten Bankbosse erträumen: Geldgeschäfte ohne das Korsett staatlicher Vorschriften.

Aber Bankiers bleiben auch bei solchen Traumgeschäften sehr nüchtern.

»Wenn unsere Gruppe als einzige Bank auf Lundy für den Ausbau der Insel unternehmerische Schlüsselpositionen bekommt, werden wir in jeder erforderlichen Höhe einsteigen. Voraussetzung ist allerdings das Gutachten eines britischen Völkerrechts-Sachverständigen über Art, Umfang und Anwendbarkeit der Hoheitsrechte. Daraus muß auch eindeutig hervorgehen, ob die britische Regierung bestehende Hoheitsrechte blockieren oder einschränken kann.«

Weyer nickt zustimmend.

»Das wird morgen in London veranlaßt.«

Der Schöne Consul blickt nachdenklich auf die Kartenskizze von Lundy.

»Das Bankmonopol, die Finanzierung und Errichtung des Holiday-Center und die Spielbank-Konzession sind für mich ein Paket. Ich werde es an die Partnergruppe vergeben, die mir das günstigste Angebot macht.«

»Es gibt also noch andere Interessenten?«

»Selbstverständlich.«

»Unsere Vertragsvorschläge erhalten Sie, sobald der Kaufvertrag auf dem Tisch liegt und ein befriedigendes Gutachten über die praktische Anwendung der Hoheitsrechte zur Verfügung steht.«

Der Schöne Consul lächelt amüsiert.

»Unter diesen Voraussetzungen dürfte sich ein Dutzend Bankgruppen um die Konzessionen raufen. Wenn Sie mir nicht mehr zu bieten haben . . .«

»Was verlangen Sie?«

»Eine bedingungslose Beteiligung an den Etablierungskosten und die Zusage, daß Sie sich mit einem Teilbetrag am Kaufpreis für die Insel engagieren. Etwa zwei Drittel der Summe stelle ich selbst.«

»Was bedeutet das in Zahlen?«

»Einhundertfünfzigtausend für Etablierungskosten sofort und eine halbe Million als Anzahlung auf die Konzession, sobald ich in London den Kaufpreis für die Insel zu hinterlegen habe.«

»Das ist Ihr letztes Wort?«

»Im nächsten Konferenzzimmer wartet Ihre Konkurrenz.«

Der Bankboß zieht das Scheckbuch.

Eine Stunde später trifft sich Weyer mit Journalisten am Flughafen. Sie sollen ihn nach London und weiter beim Besuch auf Lundy begleiten.

»Hallo, Herr Weyer! Wie fühlen Sie sich als künftiger König?«

»Nicht anders als sonst. König war ich in meinem Geschäft schon immer.«

»Was soll die Insel eigentlich kosten?«

»Ich habe vorerst eine Million geboten, aber man wird sehen —«

»Haben Sie das Geld zusammen?«

Lässig greift der Schöne Consul in die Seitentasche seines wappenbestickten Blazers und zeigt den Fotografen einen Scheck über eine Million Mark.

Allgemeine Überraschung.

»Sie haben Partner, die mitfinanzieren?«

»Ich habe Partner für meine Pläne auf Lundy, aber die Insel zahle ich selbst, sie bleibt mein Eigentum.«

»Werden Sie sich als King of Lundy einen anderen Namen zulegen?«

»Wie wäre es mit ›Hermann I.‹?«, witzelt ein Reporter.

»Der Name Hans Hermann Weyer ist in meinem Geschäft so wichtig wie der Produktname eines Markenartikels. Glauben Sie im Ernst, daß ich darauf verzichten werde?«

Die Maschine nach London wird aufgerufen.

Hans Hermann Weyer ist davon überzeugt, daß es der Flug in einen neuen Lebensabschnitt wird.

Die altehrwürdige Anwaltskanzlei liegt in der Bond-Street. Weyer betritt die dunklen hohen Räume mit der gelassenen Zurückhaltung eines britischen Gentleman.

Er weiß, daß hier nur Understatement wirkt.

»Sie haben mein Angebot erhalten, Gentlemen« – kommt er zur Sache. »Ich bin bereit, sofort den Kaufpreis für die Insel zu hinterlegen.«

Der Seniorpartner der Anwaltskanzlei mustert den Herrn aus Deutschland freundlich.

»Ich meine, da gibt es noch einige Dinge zu besprechen, bevor wir zur finanziellen Seite kommen können, Sir. Wie Sie wissen, habe ich die Ehre, die drei Besitzerinnen von Lundy zu vertreten. Es handelt sich um drei sehr liebenswürdige, aber etwas – hm – eigenwillige Damen, die ihre eigenen Vorstellungen von dem haben, was weiterhin mit Lundy geschehen soll. Sie möchten deshalb auch die Interessenten an diesem Objekt kennenlernen, bevor es zu einer Vertragsverhandlung kommt.«

»Ich soll mich also erst besichtigen lassen?«

»Nun, es geht nicht zuletzt um die Sonderprivilegien, die mit dem Erwerb von Lundy verbunden sind, Sir.«

»Die Hoheitsrechte und den Königstitel.«

»Indeed –«

»Wann und wo kann ich die Damen erreichen?«

»Wenn Sie morgen nach Bideford an der Westküste fahren, wird Sie ein Fischkutter nach Lundy bringen. Die Damen erwarten Sie dort.«

»Ausgezeichnet! Dann kann ich ja meine Insel gleich besichtigen...«, meint Weyer zufrieden. Das undurchsichtige Lächeln des Anwalts fällt ihm nicht auf.

Am nächsten Morgen organisiert Weyer seine Besichtigungsfahrt nach Lundy.

Ein Wagen zur Reise nach Bideford wird gemietet. Ein Barbesuch am Vorabend hat die Bekanntschaft mit einer hübschen Blondine ergeben, die um der Fotografen willen in die Begleitung aufgenommen wird. Das Hotel hat einen Diener vermittelt, denn der künftige König von Lundy muß natürlich standesgemäß reisen.

Im Aktenkoffer führt der Schöne Consul den Orden des ehemaligen Königs von Burundi mit, dessen seidenglitzernde Schärpe ihm vor den Fotografen königliche Würde verleihen soll. Die Bilder von seiner Ankunft auf Lundy werden durch die Weltpresse gehen, und dazu braucht man optische Gags.

So ausgerüstet fährt Weyer mit Troß nach Bideford.

In dem kleinen Fischerhafen wartet der Kutter bereits. Der Atlantik zeigt hohe Wellen, es wird also eine stürmische Überfahrt geben.

Windstärke sechs bis sieben – meint der Kapitän.

Aber Weyers Aktivität ist dadurch nicht zu bremsen. Noblesse oblige – meint er, und der Käpt'n grinst.

Es wird eine stürmische Überfahrt, und das Gefolge hängt über der Reling. Weyers einzige Reaktion ist Hunger. Der alte Seebär hilft dem künftigen »King of Lundy« mit Butterstullen und Portwein aus.

Der Schöne Consul verspricht ihm dafür Arbeit und Ehren. Als Vorschuß bekommt er ein Verdienstkreuz aus der mitgenommenen Ordensschatulle.

Der Alte strahlt.

Nach etwa fünf Stunden kommt Land in Sicht, die See hat sich inzwischen beruhigt.

Weyer wirft einen ersten Blick auf »seine« Insel. In der Bucht sind mit dem Fernglas ein Dutzend Gestalten erkennbar. Ein Boot kommt dem Kutter entgegen, der vor dem seichten Ufer ankern muß.

Weyer und das Gefolge werden an Land gebracht.

Dort warten die zehn Bewohner neugierig auf den Gast. Es sind Engländer, Deutsche und Österreicher, die es nach dort verschlagen hat.

Die Neugier beruht auf Gegenseitigkeit. Aber die Inselbewohner kommen dabei mehr auf ihre Kosten als Weyer, denn das Eiland wirkt trostlos und recht verwildert.

Man muß schon viel tun, um daraus ein Millionärsparadies zu machen – denkt der Schöne Consul.

An der kleinen Dorfkirche vorbei geht es zum Restaurant der Insel, das als gemütliche Fischerkneipe eingerichtet ist. Hier erwarten ihn die Besitzerinnen von Lundy.

Weyers Charme entlockt den Ladys ein freundliches Lächeln. Man spricht artig über die Romantik des Eilandes, und die Damen schwärmen von der Unberührtheit der Natur, die unbedingt erhalten werden solle ...

»Das meinen Sie doch auch, Mr. Weyer?«

»Etwas Veredelung könnte nichts schaden –« bemerkt der Schöne Consul hintergründig.

»Oh – Sie wollen doch nicht etwa große Veränderungen vornehmen? Das Herrenhaus ist in gutem Zustand, dann haben wir noch einen Laden für die Bedürfnisse der Bewohner. Es ist also alles da, was man zum Leben braucht.«

»Das kommt auf die Bedürfnisse an, Mylady –«.

Die Damen sehen sich an und schweigen pikiert.

»Im wesentlichen wird natürlich alles erhalten bleiben – gewissermaßen unter Denkmalschutz...«, verspricht Weyer eilig, um die Verhandlungen nicht zu gefährden.

Dann will er auf die geschäftliche Seite des Besuches zu sprechen kommen.

»Ich bin zu einer sofortigen Übernahme der Insel bereit und habe eine Anzahlung von einer Million Mark mitgebracht.«

Doch die Damen wehren ab.

»Die Verträge können nur in London gemacht werden, sie müssen schon wegen der Sonderprivilegien juristisch einwandfrei formuliert sein. Meine Anwälte haben alle Vollmacht. Wir wollten Ihnen nur Gelegenheit geben, die Insel zu sehen, und wir hatten natürlich auch das Bedürfnis, Sie kennenzulernen –« lächelt Mrs. Harman fein und mustert mit einem Seitenblick die Blondine neben Weyer.

Nach einer ausführlichen Besichtigung verabschiedet sich der Schöne Consul ohne eine konkrete Zusage. Über liebenswürdige Unverbindlichkeiten hinaus gedeihen die Gespräche bis zum Abschied nicht.

In London bittet der Schöne Consul die Anwälte ins Royal Garden Hotel. Er nimmt sich vor, den Kauf um jeden Preis perfekt zu machen.

»Gentlemen, ich habe Lundy besichtigt und bin mit den Eindrücken zufrieden. Mit den Damen stehe ich in bestem Einvernehmen, wir sollten den Kauf perfekt machen.«

»Es gibt da noch einige Probleme, Mr. Weyer. Vor Unterzeichnung eines Kaufvertrages muß die Regierung Ihrer Majestät die Zustimmung erteilen.«

Weyer wird ärgerlich.

»Was geht das die Regierung an? Die Insel befindet sich schließlich in privatem Besitz, sie kann also verkauft werden wie jedes Grundstück hier in London oder Manchester.«

»Shurly – aber Lundy ist eben doch ein Sonderfall, denn der Besitzwechsel berührt staatliche Sicherheitsinteressen. Sollte die Insel in falsche Hände geraten, könnte sie zum Beispiel ein gefährliches Spionagezentrum werden. In dieser Gegend befindet sich das Hauptquartier der Navy. Sie können sich vielleicht vorstellen, was das bei den heutigen technischen Mitteln der Geheimdienste bedeutet...«

»Das leuchtet mir ein. Aber was soll jetzt geschehen?«

»Wir werden das Nötige veranlassen, Sir.«

»Aber bitte kurzfristig, meine Zeit drängt. Ich werde in Rom erwartet.«

»Wir werden uns bemühen –«

Zwei Tage später werden dem Schönen Consul von der Hotelreception zwei Besucher gemeldet.

Weyer kann mit den Namen nichts anfangen, aber der Zusammenhang mit dem Inselprojekt ist ihm sofort klar. Die beiden Herren sind dunkel und unauffällig gekleidet, sie haben intelligente Gesichter und undurchdringliche Mienen.

Das können nur Regierungsbeauftragte sein, taxiert Weyer, als er in die Halle kommt.

Die Herren stellen sich vor, aber es bleibt offen, in wessen Auftrag sie erschienen sind.

»Wir haben Anweisung, mit Ihnen über Ihre Absichten auf Lundy zu sprechen, Sir.«

»In wessen Auftrag?« will Weyer wissen.

»In offiziellem Auftrag, Sir.«

»Na schön – wenn Sie es nicht sagen wollen! Um was geht es also?«

»Sie beabsichtigen, Lundy zu kaufen?«

»Allerdings. Die Verhandlungen sind so gut wie abgeschlossen.«

»Wir möchten Ihnen empfehlen, von Ihrer Absicht zurückzutreten.«

»Warum?«

»Der Erwerb der Insel ist nur mit Zustimmung der britischen Behörden möglich.«

»Darum habe ich mich über meinen Anwalt und die Rechtsanwälte der jetzigen Besitzerinnen bemüht.«

»Es bestehen Gründe, die Insel unter britischen Besitzverhältnissen zu belassen.«

»Ich werde dort bestimmt kein Spionagezentrum einrichten!«

»Sicher nicht, Sir. Es ist auch mehr eine grundsätzliche Erwägung. Für alle Beteiligten wäre es einfacher, wenn Sie von Ihrer Absicht zurückträten.«

»Ich denke nicht daran.«

»Die letzte Entscheidung liegt in diesem Fall bei den Behörden, Sir. Da es um nationale Interessen geht, werden Sie dafür Verständnis haben.«

Weyer knurrt etwas vor sich hin.

Er ist empört und verzweifelt, sein Traum vom Königreich Lundy beginnt sich in eine Fata Morgana aufzulösen.

»Ich habe erhebliche Vorkosten in das Objekt investiert,

es bestehen geschäftliche Abmachungen und Pläne. Man kann von mir nicht erwarten, daß ich diese Verluste so ohne weiteres hinnehme.«

»Selbstverständlich nicht. Genügen 10 000 Pfund, um Sie zu entschädigen, Sir?«

»In etwa. Aber ich kann das nicht in dieser Minute entscheiden, Gentlemen – ich muß mir Bedenkzeit bis morgen ausbitten.«

»Selbstverständlich, Sir.«

Die beiden Herren verabschieden sich höflich und korrekt. In einer schlaflosen Nacht begräbt Hans Hermann Weyer das Geschäft seines Lebens.

Auf dem Wege zu einem eigenen Königreich ohne das Korsett der staatlichen Autorität ist er an dieser staatlichen Autorität gescheitert.

Der Traum vom Holiday-Center und allen schönen Spielarten eigener Hoheitsrechte endet an einem neblig-grauen Morgen an der Themse.

Auf dem Rückflug liest der Schöne Consul in einer Londoner Zeitung, daß Lundy vom staatlichen National Trust erworben wurde.

Die Insel mit den eigenen Hoheitsrechten ist eine von vielen Episoden im Leben Hans Hermann Weyers geblieben, aber in Gedanken wurde »sein Königreich« noch oft gebaut. Es gibt so viele Inseln auf dieser Erde.

Der Schöne Consul glaubt fest daran:

»Irgendwann und irgendwo wird sich die Insel finden, auf der ich König sein kann!«

Dokumente

oder
Wie das Unglaubliche glaubhaft wird

In Sachen:

Consul H. H. Weyer

EL PRESIDENTE DE LA R

Por cuanto: conviene al servicio de la

funciones de Cónsul Honorario de Poli

Por tanto: y concurriendo en la persona a

las cualidades que se requieren, he venido en elegi

— — Cónsul Honorario de Po

rogando a las Autoridades le reconozcan y le permitan

favor y auxilio que necesitare y guardándosele las pr

Al efecto, se le expide la presente, fi

a los 13 *días del mes de* noviembre

Anotada:
El Subsecretario

UBLICA DE BOLIVIA

República nombrar una persona que ejerza las

en Luxemburgo, Luxemburgo;

Sr. Hans Hermann Weyer,

y nombrarle, como por la presente le nombro

ia en Luxemburgo, Luxemburgo,

cer su empleo libre y pacíficamente, dándosele el

tivas de estilo a los agentes de su clase.

sellada y refrendada según corresponde en La Paz,

mil novecientos sesenta y tres.

Refrendada:
El Ministro de Relaciones Exteriores

Ernennungsurkunde (13. 11. 1963)
H. H. Weyer – Jüngster Consul der Welt

Víctor Paz Estenssoro

Presidente Constitucional de la República

—

Atendiendo a las disposiciones del ciudadano

Hans Hermann Weyer,

le confiere el nombramiento de *Cónsul Honorario de*

Bolivia en Luxemburgo, Luxemburgo,

Este despacho registrado donde corresponde, le servirá de suficiente título para los efectos legales, quedando reconocido como funcionario público en servicio del Gobierno de la Nación, sujeto a las leyes y disposiciones que rigen en la Administración Pública.

Firmado y sellado en la ciudad de La Paz, a los 13 días del mes de noviembre de 1963.

Ministro de Relaciones Exteriores y Culto

Subsecretario de Relaciones Exteriores y Culto

Registrado
en el libro 3 folio 3º número 88.

Director del Departamento de Personal

EMBAJADA DE BOLIVIA

R E C I B O

La Embajada de Bolivia en Bonn ha recibido del
señor Dr. Hans Hermann Weyer el nombramiento y
las Letras Patentes de Cónsul Honorario de Bolivia en Luxemburgo.

BONN, 21 de enero de 1964

Jorge Gutierrez Mendoza
Ministro Consejero

EMPFANGSBESTAETIGUNG

Die Botschaft von Bolivien in Bonn hat von Herrn
Dr. Hans Hermann Weyer seine Ernennungs- und Be-
stallungsurkunde als Wahlkonsul von Bolivien in
Luxemburg erhalten.

BONN, 21. Januar 1964

Jorge Gutierrez Mendoza
Canciller

Kein Exequatur in Deutschland

Theodosius István de Németh h. c. Dr. Dr. Phil. Dr. Hum.

Erzbischof der autokephalen griechisch-ortodoxen Nationalkirche Ungarns

Gelobt sei Jesus Christus!

Herrn Herrmann Weyer Esq.,
Consul a. D.
München, Nymphenburg

München, am September 26th 967.
8 München 23, Postfach 248
Whg. München 45, Wellenkampstr. 31/0

TO WHOM IT IS CONCERNED

You are authorized, from our part for

D i p l o m a t i c (Consular) dealings

for our orthodox church administration.

Sincerely

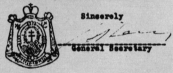

General Secretary

Sie sind beauftragt von unserer Seite für

D i p l o m a t i s c h e (Konsularische)

Verhandlungen zu führen, für die Orthodox

Kirche Administration.

Hochachtungsvoll

General Secretary

In Sachen:

Zahnärzte

Seite 15

Im Namen
der Bayerischen Staatsregierung

Nachdem der Dentist

geb. am ~~07.August 1921~~ in ~~H..........~~

wohnhaft in ~~.....................~~ h der am ~~31..........~~

die staatliche Anerkennung als Dentist erhalten hat, an einem

Fortbildungskursus nach § 8 Abs. 1 des Gesetzes über die Aus-

übung der Zahnheilkunde vom 31. März 1952 (BGBl. I S. 221) er-

folgreich teilgenommen hat, wird ihm hiermit die

Bestallung als Zahnarzt

mit Geltung vom   3o.Mai ~~....~~   erteilt.

München, den   1.August ~~...~~

Bayerisches Staatsministerium des Innern

Im Auftrag

Bestallung als Zahnarzt

für

Nr. 1~~...............~~

Verwaltungsgebühr: 25.— DM

Nr. ~~...........~~

226

DER · MINISTER

23. November

Einschreiben!

Herrn
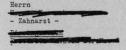
- Zahnarzt -

Betr.: Studium der Zahnheilkunde zum Zwecke der Promotion.
Bezug: Ihr Schreiben vom
Anlg.: - 5 -

Sehr geehrter Herr

Unter Bezugnahme auf Ihr Schreiben vom   habe ich die Medizinische
Fakultät der Universität   gebeten zu prüfen, ob und welche Er-
leichterungen Ihnen bei der Absolvierung des Studiums zum Zwecke der Zulassung
zur Promotion eingeräumt werden können. Da die Promotion ausschließlich
eine Angelegenheit der akademischen Selbstverwaltung ist, vermag ich hier keine
Entscheidung zu treffen. Ich muß Sie deshalb auch bitten, sich in Ihrer Angelegenheit an das Dekanat der Medizinischen Fakultät zu wenden.

In diesem Zusammenhang darf ich noch bemerken, daß für die Zulassung zur zahn-
ärztlichen Prüfung nach Maßgabe der Prüfungsordnung für Zahnärzte vom 26.1.
1955 keine Ausnahmen eingeräumt werden können. Aus berufsrechtlichen Gründen
ist die Ablegung einer solchen Prüfung auch gar nicht erforderlich, da Sie bereits bestallter Zahnarzt sind.

Ich bedaure, Ihnen keinen günstigeren Bescheid geben zu können. Die vorgelegte
Unterlagen sind in der Anlage wieder beigefügt.

Hochachtungsvoll!
Im Auftrage:

227

COLLEGE OF DIVINE METAPHYSICS
INDIANAPOLIS, USA
Repräsentanz für Europa:
Dr. Tadros Megalli
8191 Münsing (Obb), Ruf 08177/335

FERNKURS - ANMELDUNG
=====================================

Ich melde mich hiermit zur Teilnahme am Studium der Metaphysik des College of Divine Metaphysics, USA., an. Ich möchte folgende Kurse belegen:

Kurs: ....

Kurs: .... Kurs: ....

Bei Anmeldung von drei Kursen kann ich das Diplom für "Doktor der Psychologie" (Ps. D.) erwerben.

Durch Abschluß eines weiteren Kurses (nachstehend die Kursbezeichnung anführen, falls erwünscht) kann ich auch noch das Diplom für "Doktor der Metaphysik" (Ms. D.) erwerben. Hierzu wähle ich noch den

Kurs: ....

(Für das Diplom "Doktor der Theologie" -D.D. - sind noch drei weitere Kurse zu studieren, deren Übersetzung sich in Vorbereitung befindet).

Ich verpflichte mich, das ganze Studium (wie oben angemeldet) in folgender Weise zu bezahlen:

a) In bar, am ....   b) In 6 - 8 monatlichen Raten, beginnend mit der Anmeldung zum Kursstudium.

(Zutreffendes bitte ankreuzen)

Name des Anmelders: .... Ledig oder verheiratet? ....

Anschrift: ....

Geb. Dat. u. -Ort: .... Rel.: .... Beruf: ....
Nationalität: .... Ausbildung: ....

Tag der Anmeldung: .... Unterschrift: ....

Anmerkung:

Falls in dem Lande, in dem ich lebe, das Gesetz die Führung meines Titels verbietet, will ich diesen nur hinter meinen Namen setzen - mit Herkunftsangaben - z. B.: "R. Müller, Ps. D. College of Divine Metaphysics, USA".

Einzahlungen auf obige Kurse des genannten Collegs (USA) sind nur auf den Namen des Repräsentanten des Collegs: Dr. T. Megalli, Münsing, erbeten. - Postscheckkonto: München Nr. 90095, oder: Städt. Sparkasse München, Girokonto des Genannten.

Correspondence Courses Only

The College of Divine Metaphysics
Indianapolis, Ind.

"Study to show thyself approved, a workman that needeth not to be ashamed."

October 23, 1967
AIR MAIL

Dr.
, Germany

Dear Dr. ▆▆▆:

We have received your examination papers and upon
grading them we find that you made the excellent
grades of 98% on Practical Metaphysics, 90% on
Metaphysical Healing and 93% on The Psychology of
Business Success. This is indeed fine work on
these three courses and you have our congratula-
tions on your achievement. You are now entitled
to your degree of Doctor of Psychology (Ps.D.)
We are having your diploma prepared and it will
go forward to you just as soon as it is ready
which will probably be the latter part of this
week. I trust that you will be pleased with it
and that it will be of value to you in the work
which you are preparing to do.

If there is anything I can do from this end of
the line, let me know and I shall be happy to
serve you in any way I can.

We wish you success, happiness and well being.

Sincerely in Truth,

COLLEGE OF DIVINE METAPHYSICS

Dr. Henry A. Carns
President

HAC/cn

229

23. Oktober 19**

Herrn
Dr.

Deutschland

Sehr geehrter Herr Dr.

Wir haben Ihre Examenspapiere erhalten, und nach deren Prüfung
sehen wir, daß Sie ausgezeichnete Ergebnisse erzielt haben:
98 % in Praktischer Metaphysik, 90 % in Metaphysischem Heilen
und 93 % in Die Psychologie des Geschäftserfolges. Das war
wirklich gute Arbeit in diesen drei Kursen, und wir gratulieren
Ihnen zu Ihrem Erfolg. Sie sind nun berechtigt, den Titel des
Doktors für Psychologie (Ps. D.) zu tragen. Wir sind dabei,
Ihr Diplom vorzubereiten, und Sie werden es sofort erhalten,
wenn es fertig ist. Das wird ungefähr Ende nächster Woche sein.
Ich hoffe, daß Sie damit zufrieden sein werden und daß es Ihnen
für Ihre geplante Arbeit von Nutzen sein wird.

Falls es irgendetwas gibt, das ich von hier aus für Sie tun
kann, lassen Sie es mich wissen, und ich werde versuchen,
Ihnen dienlich zu sein.

Wir wünschen Ihnen Erfolg, Glück und Wohlergehen.

Ihr ergebener in der Wahrheit

COLLEGE OF DIVINE METAPHYSICS

gez.

Dr. Henry A. Carns
Präsident

HAC/cn

230

CONSULATE GENERAL

OF THE

Munich, Germany

11. Juni 19▮▮

Unter Bezugnahme auf Ihr Schreiben vom 10. Juni 19▮▮ und
in dem Wunsche, Ihnen behilflich zu sein, bin ich bereit,
ueber Ihre Organisation Folgendes zu sagen:

"Den uns zur Verfuegung stehenden Unterlagen entnehmen
wir, dass das "College of Divine Metaphysics, Indianapolis,
USA" ein religioeser Verein ist, von der "Church of Divine
Metaphysics" im Jahre 1918 gegruendet wurde, und von dem
Staate Indiana in den Vereinigten Staaten die vollen legislativen Rechte besitzt, folgende religioesen Titel an
seine Studenten zu verleihen:

      Ps.D. (Doctor of Psychology)
      Ms.D. (Doctor of Metaphysics) und
      D.D. (Doctor of Divinity)."

Mit freundlichen Gruessen

Generalkonsul

231

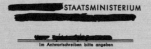 STAATSMINISTERIUM

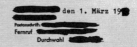 den 1. März 19██

Postanschrift:
Fernruf ████████████
Durchwahl ████████

Im Antwortschreiben bitte angeben

Herrn
████████████████
- Zahnarzt -
████████
████████████

<u>Betreff:</u> Genehmigung zur Führung eines ausländischen akademischen
Grades (Titels)

Zur Eingabe vom ████████ ds. Jhrs.

Sehr geehrter Herr ████████

Die Genehmigung zur Führung eines im Auslande erworbenen akademischen Grades (Titels) nach dem Gesetz über die Führung akademischer Grade - AkGrG - vom 7. Juni 1939 (RGBl. I S. 985) und
nach der hierzu ergangenen Durchführungsverordnung vom 21.7.1939
(RGBl. I. S. 1326) wird durch das für den Wohnsitz des Grad-In-
habers zuständige Kultusministerium ausgesprochen. Sie kann ver-
ständlicherweise nur dann erteilt werden, wenn die Studien und
Prüfungen, die zu dem ordnungsgemäßen Erwerb des ausländischen
akademischen Grades geführt haben, den im Inlande erforderlichen
weitestgehend gleichwertig sind und soferne die Verleihungs-In-
stitution einer deutschen bzw. inländischen wissenschaftlichen
Hochschule in jeder Hinsicht an die Seite gestellt zu werden vermag.

██
██

▬▬▬▬▬▬▬, den 9. Juni ▬▬▬
▬▬▬▬STR. 7

Herrn Zahnarzt
Dr. ▬▬▬▬▬▬▬▬▬▬
▬▬▬▬▬▬▬▬▬▬▬▬▬
▬▬▬▬strasse 8

Sehr geehrter Herr Kollege ▬▬▬▬▬

Mit herzlichem Dank bestätige ich Ihnen Ihr liebenswürdiges
Schreiben vom 3.cr. mit der beigefügten Ablichtung der rechts=
anwaltlichen Antwort an den Berufsverband. Ich werde das Schre
ben meinen Anwälten weiterreichen, die zwar die dort dargelegt
Ansicht über die Rechtmäßigkeit eines ministeriellen Genehmi=
gungsverfahren nicht teilen. Aber man kann gar nicht zuviel
Material zusammentragen, auf daß wir zu unserem Recht Recht
kommen.
Ich bin in den kommenden Woche in Italien und werde u.a. mit
den Ordinarien von ▬▬▬▬ zusammenkommen. Ich werde diese Her=
ren, die mit den maßgebenden Leuten der Universität ▬▬▬▬ eng
befreundet sind, wegen der Möglichkeiten anzapfen. Sie erhal=
ten von mir dann einen ausführlichen Bericht.

Nochmals vielen Dank und ich würde mich aufrichtig freuen,
wenn wir beide weiterhin in Kontakt blieben.

                                    Herzlichs ▬▬▬▬▬
                                    Ihr ▬▬▬▬▬▬▬

233

In Sachen:

Gottesdiener

Seite 37

Georg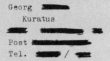
Kuratus

2.Juni 1969

Post
Tel.

Sehr geehrter Herr Konsul!

Entsprechend Ihrer telefonischen Aufforderung
darf ich mich schriftlich an Sie wenden!Nachdem Sie einen ordentlichen
Doktor pekuniär vermitteln können,ist dies gleichsam der letzte Versuch
um doch noch als Abschluß meiner Studien zu einem Doktortitel zu kommen
Ich versuchte es bereits im Jahre 1964 über Professor Dr.███,aller-
dings wissenschaftlich.Damals scheiterte es aber an den Forderungen
███,noch 2 Jahre in München oder in Tübingen Slawistik zu studieren
Für dieses Studium hätte ich aber von meiner Dienststelle keine Erlaubnis erhalten.Von Beruf bin ich nämlich kath.Theologe und wirke zur Zeit
als Kuratus (Pfarrer) in ███.In unserer Diözese herrscht schon
seit langem ein großer Priestermangel.Aus diesem Grund war und ist es
vor allem älteren Geistlichen - ich werde am ███ Jahre - und
jenen,die ein nicht einschlägiges Fach studieren wollen,verwehrt,ein
Weiterstudium zwecks Promotion zu betreiben.Durch diese Umstände bewogen habe ich mich nun entschlossen,gegen eine Geldgabe diesen akademischen Grad zu erwerben.

Ich darf Sie um streng vertrauliche Behandlung meiner Angelegenheit
bitten,um von meiner vorgesetzten Dienststelle keine Schwierigkeiten
zu bekommen.Die Anerkennung dieses Titels von meiner Dienststelle muß
ich dann selbst nach und nach regeln.

Ferner bitte ich um Mitteilung,welche Unterlagen Sie noch benötigen
und welche Kosten anfallen werden.Was die Finanzen betrifft,so muß
ich Ihnen sagen,daß ich meine gesamten Ersparnisse,die vom spärlichen
Gehalt übriggeblieben sind,dem Erwerb dieses Titels zugedacht habe.

In der Hoffnung,daß Sie mir bei der Beschaffung eines ordentlichen
Doktortitels behilflich sein können,

verbleibe ich mit den besten Grüßen

Ihr erg.

[...] am 4. 6. 69.

Ich ersuche Herrn Bischof
H. Wagner mir einen Beichtstuhl
zu besorgen. Ich zahle Herrn Wagner
13 000 DM. für Unkosten und
Spesen etc. bis Dienstag 10. 6. 69.
Weitere 10 000 DM. zahle ich bis
30. 6. 69. Herr Wagner braucht sich
meinen Beichtstuhl so schnell als
möglich zu beschaffen. Ich bin
mir darüber im Klaren, daß
Herr Wagner [...]
Unkosten und Spesen hat, die
er fraglichmache für mich [...].
Ich [...] einen [...] Zahlen-
[...]

237

Kath. Kurahe

Erzbischöfliches Ordinariat

Dem Priester *georg* ▓▓▓▓▓▓

wird hiemit bestätigt, daß er bei der im Jahre ▓▓▓ zu ▓▓▓

abgehaltenen Konkursprüfung der katholischen Pfarramts-Kandidaten

der Erzdiözese ▓▓▓, den ▓ Platz unter ▓▓ Kandidaten

mit der Hauptnote II ▓ Klasse II und der ▓ Note

aus dem mündlichen Vortrage erhalten hat.

▓▓▓, den ▓. *januar* ▓

239

21.März 19■

Sehr geehrter, lieber Kaplan ■■■■■,

verzeihen Sie bitte, daß dieser lange versprochene Brief so
spät in Ihre Hände kommt. Sie wissen ja aber durch Frau ■■■,
wie sehr ich die letzten Monate durch die eilige und doch
verspätende Drucklegung meines Buches beschäftigt war. Kaum waren die Korrekturen fertig, mußte ich zu lange versprochenen
Vorträgen in die Gegend von Hannover reisen. Anschließend kam
die Woche der Brüderlichkeit. Ich hatte in Regensburg und
Augsburg in diesem Zusammenhange zu sprechen.

Erklärungen sind natürlich keine Entschuldigungen, aber auch
sie haben einen versöhnenden Sinn in sich.

Ich habe Ihre Arbeit sehr genau gelesen. Auf dem neben mir lie-
genden Zettel sind 69 Bemerkungen notiert. Ich kann unmöglich
über sie alle brieflich genauer mit Ihnen sprechen, das würde
zu weit führen. In be gebotener Kürze habe ich folgendes zu
sagen:
Die Arbeit hat zwei große Vorzüge: sie zeugt von Ihrer umfang-
reichen Belesenheit nicht nur in den philosophischen Gängen
und Irrgängen der Slawophilen, sondern auch im Reiche der russischen Ostkirche; auch ist sie stilistisch gut, teilweise sehr
gut geschrieben.
Die schwächste Seite der Arbeit scheint mir ihr Aufbau zu sein
Sollte der Plan beibehalten werden, sie an die Leiter der katholischen Akademie und das philosophische Institut in ■■■■■ zu
leiten, so muß sie meiner Ansicht nach umgeschrieben werden.
Die Kapitel sind gut überschrieben, die Themen eindeutig formuliert und sie sind auch geordnet, aber ihr Inhalt wogt etwas
undisziplinert durcheinander; es kommen sogar direkte Wieder-
holungen vor. Nicht günstig wirkt auch die Fülle der Zitate,
die in ihren Ausweitungen über die zur Analyse stehenden Probleme
hinausgreifen. Zum Schluß der Arbeit kommt eine sehr interessante Darstellung der russischen religiösen Geschichtsphilosophie.
Sie geben die Analyse des Kampfes zwischen Nilsorskij und
Joseph von Wolotzk, kommen auf einige Kirchenväter zu sprechen,

die Sache falsch aufzäumen. Es liegen bei Ihnen auch einige Überlegungen über das Verhältnis zu Ihren Vorgesetzten vor. Die Lage hat sich bei Ihnen im Verhältnis zu den anfänglichen Besuchen von Frau ▮▮▮▮ geändert. Auch sagte sie, daß Sie lieber an der Universität promovieren würden, als direkt irgendeinen Lehrauftrag zu bekommen beim Jesuiteninstitut. Das sind alles sehr delikate Probleme, die mit erwogen werden müssen. Das beste wäre wohl, wenn Sie herkommen könnten, damit wir alles überlegen. Ich bin hier bis zum 15. April. Es kannallerdings sein, daß ich für ein oder zwei Tage noch dazwischen verreise. Die genauere Absprache muß also noch stattfinden.

Mit den allerbesten Grüßen und Wünschen für Ihre Zukunft und mit dem russischen Ostergruß: Christ ist erstanden

      bin ich Ihr

Sehr geehrter Herr ████████!

Unter Bezugnahme auf
unser heutiges Telefongespräch
teile ich Ihnen höflichst mit,
daß wir auch und in deren
Umständen der bei Ihnen be=
stellten Dr. ███ nicht
geholfen ist. Ich möchte
Sie deshalb recht herzlichst
bitten, von der bezahlten
Summe 6000 DM an mich

In Sachen:

Verbandsmanager

Seite 47

GERT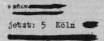

jetzt: 5 Köln

Sehr geehrter Herr Konsul Weyer!

Sie betreiben eine Titelvermittlungsagentur.
Vielleicht können Sie mir auch in meinem Fall behilflich
sein.
Ich bin Ende Zwanzig und habe einen gut dotierten Beruf.
Zu meinem weiteren beruflichen Fortkommen fehlt mir aber
ein akademischer Grad.Ich habe das Abitur gemacht und
sieben Semester in Köln studiert.Danach mußte ich aus persönlichen Gründen mein Studium für kurze "eit unterbrechen.
Nun fehlt mir zu einer besseren Karriere ein Doktor-
titel.Ich bin zwar wieder an der Universität eingeschrieben,jedoch würde es mir sehr helfen,wenn ich mir weitere
zwei bis drei Jahre Studium sparen könnte.
Ich will aus diesem Titel keine besondere berufliche
Qualifikation herleiten,sondern mir in einer Statusbewußten
Gesellschaft den Weg nach "Oben" öffnen.

Ich wäre Ihnen sehr dankbar,wenn Sie mir helfen könnten
und verbleibe in Erwartung Ihrer Antwort

248

In Sachen:

Preisbrecher

Seite 59

The Knights of The Holy Cross

VIENNA, 1st of July 1968
PHONE: 42 67 12

REFERENCE Telex 2987#68

OFFICE OF THE PRIOR - PLENIPOTENTIARY
NEULERCHENFELDERSTRASSE 23/13, VIENNA — AUSTRIA

GRAND PRIOR FOR AUSTRIA & ALLIES
CHIEF DELEGATE OF THE EUROPEAN COUNCIL
REGENT FOR THE UNITED STATES
DR.PHIL., DR.PHIL. H.C. THOMAS B. G. KOWES, K.G.C, D.S.C.,
COMMANDER CROSS LEGION OF HONOR
SOVEREIGN DEPUTY COMMANDER SUPREME COUNCIL
OF WORLD MASONS, USA

EXECUTIVE OFFICERS

GRAND MASTER:
THE MOST REV.,
DR. CHARLES BREARLEY,
K.G.C., M.A., D.D.,
49 RAVENCARR ROAD,
SHEFFIELD. 2,
YORKSHIRE,
ENGLAND.

GRAND CHANCELLOR:
THE RIGHT REV.,
DR. GEORGE PULLIN,
K.G.C., D.D., PH.D.,
"ROCK HOUSE",
COLDBROOK ROAD WEST,
BARRY, GLAM.,
SOUTH WALES.

His Excellency

Consul H.H. Weyer

Munich, West Germany

Dear Sir:

      acting on power bestowed upon me by The Grand Council,
sanctioned by The Grand Master, I undersigned Plenipotentiary
of The Order Of The Holy Cross, hereby appoint You, Knight Grand
Commander H.H.W E Y E R, to be The General Grand Representative
of the above Order, with full right and privilages pertaining
hereto. Your acting territory incule The Continent and The America
as well as supervising the several Chapters all over the world.

The appointment is valid till the prolongation of Your Office;
wich will be each year, on the 1st of July.

This attorney of power expires on the said date 1969.

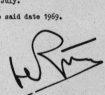

Seiner Exzellenz
Consul H. H. Weyer
München, West-Deutschland

Sehr geehrter Herr,

Auf Grund der mir vom Grand Council verliehenen Vollmacht,

vom Grand Master bestätigt, ernenne ich, der unterzeichnete

Plenipotentiary des Ordens of The Holy Cross, hiermit Sie,

Knight Grand Commander H. H. Weyer, zum General-Haupt-

Vertreter des oben genannten Ordens mit vollam Recht und

allen Privilegien. Ihr Wirkungsgebiet schließt den Kontinent

und die Amerikas ein, sowohl als auch die Überwachung der

verschiedenen Kapitel in der ganzen Welt.

Die Ernennung gilt bis zur Verlängerung Ihres Amtes, die

jedes Jahr am 1. Juli stattfindet.

Diese Vollmacht endet am genannten Datum 1969.

                                              gez.

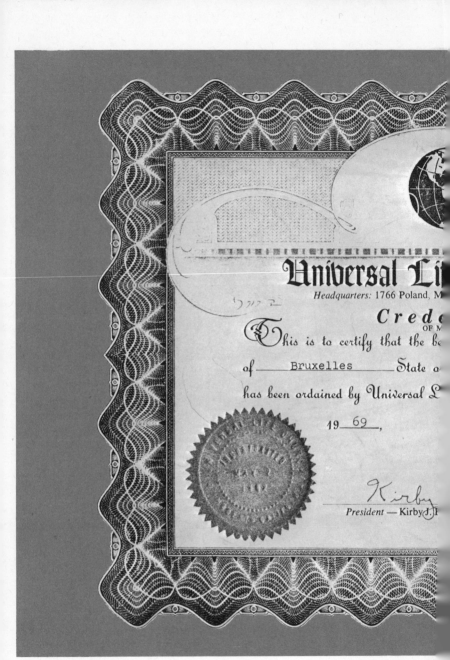

Universal Li

Headquarters: 1766 Poland, M

Crede

OF M

This is to certify that the be

of _____Bruxelles_____ State o

has been ordained by Universal L

19 _69_ ,

President — Kirby J.

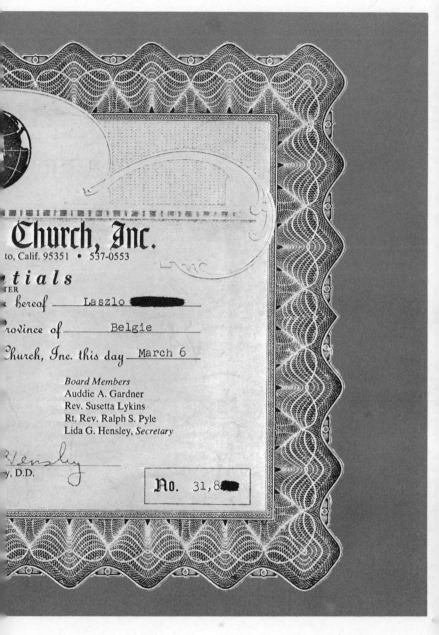

Church, Inc.

to, Calif. 95351 • 537-0553

tials

TER

hereof _____ Laszlo ▆▆▆▆▆

rovince of _____ Belgie

Church, Inc. this day _____ March 6

> Board Members
> Auddie A. Gardner
> Rev. Susetta Lykins
> Rt. Rev. Ralph S. Pyle
> Lida G. Hensley, *Secretary*

~~Hensley~~
y, D.D.

No. 31,8▆▆

253

Herrn
Hans Hermann Weyer
Hotel Seeblick
Feldafing / Starnberger See

Sehr verehrter Herr Weyer : —

Ich habe seriöse Möglichkeiten, Doktor=Titel
amerikanischer Herkunft aus einer
christlichen Vereinigung in Californien zu
erwerben, um diese hin an einen aus-
gesuchten Personenkreis anzubieten.

Über die Rechtsfähigkeit dieser Titel
ist ein gewisses Schriftgut vorhanden.

Der Preis beläuft sich für mich
auf etwa US-$ 50.— , sodass wir uns
über eine geringe Verdienstspanne für
mich und einen gemässen Nutzen
für Sie und Ihre Bemühungen
unterhalten können.

Ich bin noch für eine kurze Spanne
Zeit hier im Osten zu Gast und werde

▬▬▬▬▬▬▬

– 2 –

bestimmt ab 8. Juli wieder in
Frankfurt sein.

Schicken Sie mir bitte eine kurze
Notiz, ob Sie eventuell an dem Ver-
trieb dieser Doktor-Titel interessiert
sind, da Sie doch über entscheidende
Verbindungen zu den entsprechenden
Abnehmer-Kreisen verfügen.

Ich erwarte gern Ihre weiteren Nachrichten
und verbleibe in zwischen

mit verbindlichen Grüßen

Vancouver BC Canada,
27th September 1969.

Herrn Consul H.H. Weyer,
Nördliche Auffartsallee 30
8,München 19
Germany.

           Hochverehrter Herr Consul,

          Weiter zu meinem letzten Brief an Ihnen, möchte ich
Ihnen jetzt mitteil_en, das ich einibe "Doctor of Divinity" Degrees
bereits erhalten habe. Ich habe die Kirche, die in Californien das
Recht hat, solche Diplome zu vergeben, mittgeteilt, dass ewentuel in
Europa Personen geben könnte,die sich für solche Diplome interessieren
würden. Natürlich nur Leute -"of highest moral and social standing"-
Falls Sie mir einen Namen mitteilen können, von Jemandem der also
so ein Doctor of Divinity Degree erwerben möchte, kann ich Ihnen diesen
sofort besorgen und Postwendend --oder,sagen wir,binnen 2 Wochen--
senden. Die $ 50.- können Sie mir nachträglich senden, ich habe
natürlich vollen Vertrauen in Ihnen,Herr Consul. Falls es sich später
um mehrere Leute , 40-50,handeln würde, würden die sogar den Preise
um weitere 20% ermässigen, und mein --bescheidener Verdienst -- würde
in diese Summe bereits imbegriffen sein.

          In der Hoffnung von Ihnen baldmöglichst höhren zu dürfen
          Verbleibe ich mit Vorzüglicher Hochachtung Ihr:

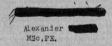

                         Alexander ████
                         MSc,PE.

PS: es heisst immernoch, ich muss Ende Oktober nach Durango, Mexico.
Falls es wirklich so kommt, fliege ich etwa am 1.November.

256

In Sachen:

Visitenkarten-Doktor

Seite 68

. Hermann ████████   Heidelberg, den 28. Oktober 1970
                             in Firma ████████
                             ████████

Herrn

Konsul W e y e r

8133 Feldafing/Starnberger See

Sehr geehrter Herr Konsul!

In der Anlage überreiche ich Ihnen den notwendingen Lebenslauf,
sowie 5 Lichtbilder.

Herr Dr. ████ wird sich mit Ihnen in Verbindung setzen. Er hat
Anschrift wie Telefonnummer notiert.
Vorsichtshalber gebe ich Ihnen die Anschrift bekannt:

                    Dr. Johann ████
                    ████████
                    ================
                    ████████   ████████
                    ████████

                         Mit freundlichen Grüßen

                         Ihr

Hermann ██████████
Heidelberg
██████████

████ in Münster /Westf. als Sohn
des ████████████████████████
geboren

1930/1935   Volksschule Münster /Westf.
1935/1943   Gymnasium ████████, Münster
1943/1950   Soldat, Kriegsgefangenschaft
████████████, Berlin
            Familienbetrieb, Textil

1952/1956   Ha██████, Autoverkäufer
1956/1960   Automobilverkäufer und Techniker
            an ████████████████████████
            ████████████████████████

████████   Auslandsaufenthalt. Frankreich
            Belgien

1963   Ausbildung serologisch. ████████
1963/1965   ████████████████████████████
            München. ████████████████████
1965/1968   Med. diagnostisches Institut
            ████████████████. wiss. Assistent.
1968 b. h. ████████████████████████████
            Leiter der Abt. ████████████████
            ████ u. stv. Abt.-Prokurist.

████████████████████

11. XI 1970.

Sehr geehrter Herr Konsul!

Der Betrag ist heute o. morgen im Zürich bei Herrn ▓▓▓▓ eingezahlt.

Wie Sie aus der Anlage ersehen ist es eine Notwendigkeit zu den Papieren zu gelangen

Ich bedanke mich schon im Voraus und würde mich freuen, wenn es mit der Beschaffung nicht zu lange dauern würde

mit freundlichen Grüssen

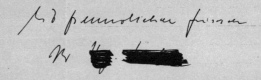

Titelangebote

PROF. DR. OSCAR 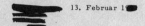   13. Februar 1

Herrn
Konsul Weyer
8000   M Ü N C H E N -Obermenzing
Süßenguthstraße 6

Vertraulich!

Sehr geehrter Herr Weyer,

ich danke Ihnen für Ihren Anruf in der vorigen Woche
und habe es bedauert, daß Sie Ihre Zeit während Ihres
Hamburg Aufenthaltes bereits so verplant hatten, daß
für eine Besprechung kein Raum mehr war.

Vereinbarungsgemäß werde ich Sie anrufen, sobald ich
übersehen kann, wann ich wieder in München sein werde.

Inzwischen gebe ich folgenden Sachverhalt vertraulich auf:

Ich habe die Möglichkeit, für eine angesehene Persönlichkeit von einer ausländischen Hochschule den Titel eines
Senators h. c. (Ehrensenator) verliehen zu bekommen.
Haben Sie in Ihrem Bekanntenkreis eine geeignete und
sehr interessierte Persönlichkeit ? Wir könnten uns
über die näheren Voraussetzungen gelegentlich besprechen.

Mit freundlichem Gruß

Republik Danzig

STAATSREGIERUNG

- Der Premierminister -

5606 Tönisheide, den 27. 12. 70
Eichendorffstr. 25

Abt.:
Kanzlei

Ihr Zeichen: Unser Zeichen:
1227/70 - 2 Do/Dh

S.E.
Herrn
Konsul
Weyer

8 M ü n c h e n
Nördliche Ausfallstraße

Exzellenz, sehr geehrter Herr Konsul!

Das Präsidium und die Staatsregierung der REPUBLIK DANZIG haben den Wunsch,
zwecks Vergabe Danziger Konsul- und akademischer Titel mit Ihnen in Verbindung zu treten.

Wir bitten Sie, sich dieserhalb an obenstehende Adresse zu wenden oder uns
unter Tel.-Nr. 02120/3364 anzurufen zwecks Festlegung eines Termins zur
persönlichen Aussprache mit dem Herrn Premierminister der Staatsregierung
Danzig.

Ich erwarte Ihre Rückäußerung.

Mit dem Ausdruck meiner vorzüglichen Hochachtung

(Rudi Dohrenbusch)
- Premierminister -

Titelgesuche

RUDOLF R. ▮▮▮▮▮▮

8 München ▮, 11.8.69
▮▮▮▮▮▮▮
▮▮▮▮▮

Herrn
H.H.C. W e y e r

8   München   19
Nördl. Auffshrtsallee 30

Sehr geehrter Herr Weyer,

im Anschluß an unsere Unterredung vom heutigen Mittag
an Ihrer Tankstelle bitte ich höflichst um Auskunft
darüber, welche Länder gegenwärtig durch Sie ein Vizekonsulat vergeben und ob ein solches Vizekonsulat ver-
bindlich zum Führen eines CC am Wagen berechtigt.

Gern benutze ich diesen Anlaß, um Sie des Ausdruckes
meiner ausgezeichnetsten Hochachtung zu versichern.

Heinrich ▮▮▮▮   60▮▮▮▮▮▮ am Main

                                                 20. Mai 19▮▮

Herrn
Konsul   W e y e r

8000 München

Sehr geehrter Herr Konsul,

ich bin an einem Angebot betreffend eines Titels (evtl. Dr. h. c.)
interessiert und bitte um Ihre diesbezügliche Mitteilung.

Mit freundlichen Grüßen

Titel-Arbeitsmarkt

SPEZIAL-BÜRO FÜR INDUSTRIE-AUFTRAGS-VERMITTLUNGEN

Bankkonto:

Postscheckkonto:
Bahnstation:

Herrn
Konsul Hans Hermann Weyer,
8 München,
Forsthaus des Schlosses
Nymphenburg

Telefon:

(8 km von Autobahnabfahrt ▓▓▓▓▓▓

Hauptstraße ▓▓

| Ihre Zeichen | Ihre Nachricht | Mein Zeichen ▓/2 | den 11.7.1969 |

Betrifft:

Sehr geehrter Herr Konsul !

Wir sind ein Spezial-Büro und befassen uns seit
Jahren mit der Vermittlung von Industrie-Aufträgen
und haben aus diesem Grunde laufenden Kontakt zu
vielen Industrie-Unternehmen aller Branchen.

Im April d.J. wurde uns von einer Agentur in Kanada
die Vertretung angeboten, dass wir in Deutschland
wohlhabende Leute suchen, die gegen eine einmalige
Schenkung an einem Doktor h.c.-Titel, Adels-Titel,
Ritter-Wappen usw. für eine christliche Universität
in Florida/USA interessiert sind. Da wir nun einmal
mit den Leuten, die hierfür infrage kommen, durch
unsere Tätigkeit in Verbindung stehen, machten wir
einen kleinen Testversuch und schrieben ca. 30 Firmen-
inhaber persönlich an. Von diesen 30 Leuten haben
sich nun 8 ernsthaft hierfür interessiert. Sehr bald
mussten wir jedoch feststellen oder vermuten, dass
diese Agentur in Kanada nicht seriös war und wir
haben in dieser Richtung nichts mehr unternommen.

Heute lesen wir in der Rhein-Zeitung, dass Sie derartige Titel vermitteln und wir bitten Sie, einmal
zu überlegen, ob eine Zusammenarbeit - evtl. auf
Provisionsbasis - mit uns für Sie von Interesse sein
könnte.

Wir möchten in diesem Zusammenhang noch erwähnen,
dass wir in Spanien, Österreich, Schweiz und Ungarn
für unsere Auftrags-Vermittlung enge Mitarbeiter haben
die evtl. mit in diese Vermittlung eingeschaltet
werden könnten.

▓▓▓▓▓▓ liegt nur 5 km von der Autobahnabfahrt
▓▓▓▓▓▓ entfernt. Vielleicht führt Sie in der nächste
Zeit der Weg einmal hier vorbei.
Wir würden uns freuen, von Ihnen zu hören und ver-
bleiben
mit vorzüglicher Hochachtung

Textil
Papier
Keramik
Glas
Porzellan

Adressen von
deutschen Firmen
nach Branchen
ab Großhandel

Adressen von
ausländischen Firmen
nach Branchen

270

 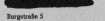

Burgstraße 5

Telefon
Spezial-Makler für

Herrn
Konsul W e y e r
M ü n c h e n

Sehr geehrter Herr Weyer !

Ich hoffe, daß mein Brief Sie trotz der unvollkommenen Anschrift erreicht.
Mein Vorschlag: Ich möchte für Sie tätig werden, - Ihnen die Kleinarbeit
abnehmen bis zur Vertrags-Unterschrift.

Bin erst 61 Jahre jung, noch sehr unternehmungslustig.
War ehemals Klein-Industrieller in ▬▬ Machte Konkurs.
Möchte gegen Provision Verhandlungen führen. Habe repräsentative Räume.
Denke, daß ich von Ihnen immer so 10 bis 20 Interessenten-Adressen kriege.

Für eine baldige Nachricht wäre ich Ihnen sehr verbunden.

                        Mit freundlicher Empfehlung!

PS. Telefonisch bin ich
nur ab 18,15 Uhr zu erreichen.

In Sachen:

Consulhandel

Seite 112

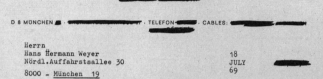

D 8 MÜNCHEN ▆ · ▆▆▆▆▆▆▆▆▆▆ · TELEFON ▆ · CABLES: ▆▆▆▆▆▆

Herrn
Hans Hermann Weyer
Nördl.Auffahrtsallee 30

8000 - München 19

18
JULY
69

Sehr geehrter Herr Weyer :
The Regierung von ▆▆▆▆ hat zugestimmt,ein Wahlgeneralkonsulat
an einen solventen Bürger in München zu vergeben.

Falls Ihnen gemand bekannt sein sollte,bitte ich Sie um Ihren
freundlichen Anruf nach erhalt dieser Zeilen unter: ▆▆▆▆

Wenn Ihnen kein Bürger als geeignet zum 30.July bekannt ist,
habe ich die Wahl,dies einem interessenten in ▆▆▆▆ anzutragen.

Da ich Ihnen dies aber als 1 ter anbot,halte ich mich auch an
dies versprechen.

Mit freundlichen Grüssen :

274

 **Botschaft**
BONN

Bonn, den 24. Oktober ▆▆

Firma

Sehr geehrte Herren !

        Absprachegemäss wurden Sie von uns vor längerer Zeit beauftragt, verschiedene wissenschaftliche Probleme mit der Beihilfe von westdeutschen Fachleuten und Wissenschaftlern zu bearbeiten.

        Es interessiert uns ausserdem Ihre für unser Land so wertvolle Mitarbeit an der Förderung und Verwirklichung von Projekten sowie Ihre Ermittlung von Investitionsmöglichkeiten, die wir Ihnen auf der Ihnen übergebenen Liste bekanntgegeben haben.

        Sämtliche Ausgaben, etc., die zur Realisierung unserer Belange und der unseres Landes gemacht wurden, werden von uns zurückerstattet.

        Inzwischen verbleiben wir

                        hochachtungsvoll

275

 Botschaft

BONN

B E S C H E I N I G U N G

Hiermit wird bestätigt, dass Herr ████████████████ Inhaber der Firma █████████████████████
von der Botschaft von ████████, Bonn, laufend Aufwandsentschädigunge
sowie Unkostenzurückerstattung, etc., seit Anfang des Jahres 19█
für seine wertvolle und unentbehrliche Mitarbeit, die er im Interesse von ████████ und dieser Botschaft leistet, erhält.

Bonn, den 24.Oktober 19█

276

An die
████████████ Regierung

████████████
z.Hd. von Herrn Dr. Hans-Hermann Weyer
Luxemburg

Bestätigung

Ich bestätige hiermit, die mit Ihnen heute in meinem
Büro getroffene Vereinbarung wie folgt:

Ich erhalte als Verleger und in meiner Eigenschaft als
Präsident ███ B███████████ d███████████ ████████
████████████ von der Republik ████████ die Ernennung
zum Honorar-Konsul für die ███████████████████████
Bundesrepublik Deutschland. Diese Ernennung erfolgt,
da sich in ████████ ein Generalkonsulat der Republik
████████ befindet, zunächst als Vizekonsul für diese
Stadt. Eine enge Zusammenarbeit mit dem Generalkonsulat
in ████████ ist vorgesehen.

Die Ernennung zum Vizekonsul erfolgt spätestens bis zum
15.3.19██ durch den Präsidenten der Republik ████████,
████ ████████████████████.

Ich erhalte vom Beauftragten des Präsidenten der Republik
████████ die Ernennungs- und Bestallungsurkunden bis zum
genannten Termin. Nach ordnungsgemässer Ernennung verpflichte ich mich, als Äquivalent hierfür einen Betrag

von DM 45.000.-- (fünfundvierzigtausend Deutsche Mark)
unmittelbar an den Beauftragten des Präsidenten, der
die Ernennungs- und Bestallungsurkunden überreichen wird,
zu zahlen.

Ernennung und Übergabe der Urkunde hat in Anwesenheit
von Herrn Konsul Weyer stattzufinden.

██████████████
VERLEGER

Sehr geehrter Herr Weyer!

Seit Tagen versucht Herr Dr. ████ Sie in meiner Sache zu erreichen,
leider vergebens. Ich hätte gern Aufklärung, wie weit meine Angelegenheit gediehen ist. Ich habe seit über 8 Wochen die Urkunde bereits in
Händen. Inzwischen hatte ich Gelegenheit, mit ██████████████████
██████████████████ zu sprechen, der mir insofern keine befriedi-
gende Auskunft geben konnte; er wollte sich nicht festlegen, meinte aber,
es wäre sehr schwer, wenn in ████████ ein Generalkonsul ernannt ist
dann noch einen Vizekonsul zuzulassen. Ob dieses zutrifft, entzieht sich
meiner Kenntnis. Aber ich bin der Meinung, daß nach 8 Wochen das
Exequatur erteilt sein müsste. Ich bitte Sie deshalb um eine diesbezügliche Auskunft.
Durch Zufall hörte ich, daß Sie am gleichen Tage in Basel im Hotel Euler
waren und mich auch gesehen haben. Ich muss mich wundern, daß Sie
mich nicht angesprochen haben. Wenn ich Sie gesehen hätte, hätte ich Sie
bestimmt angesprochen, ganz gleich in welcher Umgebung Sie sich befun-
den hätten. Ich muss sagen, es befremdet mich ausserordentlich, daß Sie
nicht das gleiche getan haben.
Ich hoffe nun postwendend von Ihnen zu hören und

begrüsse Sie in dieser Erwartung
als Ihr ██████ ████████

In Sachen:

Spätberufene

Seite 117

Vereinbarung

Herr Dr. ▬▬▬ ▬▬▬▬, bemüht sich um ein Honorar-Konsulat
(Ehrenkonsulat) eines Landes, mit dem die Bundesrepublik Deutschland diplomatische Beziehungen unterhält.

Herr Konsul Weyer versucht zu nachstehenden Bedingungen, Herrn
Dr. ▬▬▬ dieses Konsulat zu besorgen. Der Sitz des Konsulates
soll ▬▬▬▬▬ sein.

Die Kosten liegen je nach Land zwischen $ 10.000,-- - $ 14,000,--
bzw. DM 40.000,-- bis DM 56.000,---.

Herr Dr. ▬▬▬ verpflichtet sich, bis zu seiner Ernennung, um den
Ablauf nicht zu erschweren, über diese Vereinbarung strengstes
Stillschweigen zu bewahren.

Der vorstehend aufgeführte Betrag ist Zug um Zug bei Uebergabe der
Ernnenungs- bzw. Bestellungs-Urkunde zu zahlen.

▬▬▬▬▬, den 9. Juni 1969

Dr. ████████, geb. 22.5.████

Schule, Mittelschule in ████, Universität: Medizinisches Diplom

1914-1921	Offizier im 1. Weltkrieg
1924	Konsularagent von ████████
1928	Übersiedlung nach ██████ Inhaber der ████████████████████████
1929	Mitglied der ██████ Börse
1933	ausgewandert nach Afrika, Besitzer einer Farm in ████████████ Mitglied der ████████████ Börse 2 Jahre deren Vizepräsident
	Während des 2. Krieges Offizier in der ████████████ Armee
1949	Rückkehr nach Deutschland
	Verheiratet, Vater eines Sohnes und einer Tochter
z.Zt.	Besitzer eines Allgemeinen Effektenkontors in ████████

283

Frankfurt 9/7/

Sehr geehrter Herr Konsul!

Da ich schwer erkrankt bin und die Stadt verlassen muss – bitte sol Sie meine Konsul-Ernennung rück-gängig zu machen.

Besten Dank für Ihre Mühe und erwarte Ihren Bescheid. —

Mit freundlichen Grüßen Ihr

In Sachen:

Vorschlagswesen

Seite 135

Frankfurt 21.9.69
Hostastr. 6

An den
Herrn Bundespräsidenten   zum Geschäftsgang
Herrn Dr. Gustav Heinemann   Bm ²²/3

Betr. Verleihung eines Bundesverdienstkreuzes.

Ich gestatte mir den Vorschlag zu machen
~~—————————————————~~
~~—————————————————~~

91 Jahre alt, das Bundesverdienstkreuz zu verleihen.
Als Gründe für eine Verleihung gebe ich folgendes
an: Herr ▨▨▨▨ ist verheiratet. Seine Ehefrau ist
86 Jahre alt. Sie leben in einem gemeinschaftlichen
Haushalt mit ihrem Sohn, der 66 Jahre alt ist.
Erschütternd ist hierbei, dass sowohl seine Frau
wie auch sein Sohn blind sind. Der Haushalt wird
seit Jahrzehnten von dem jetzt 91 jährigen geführt.
Auch die Pflege seiner Frau und seines Sohnes obliegt
ihm vollkommen. Nebenbei gesagt wird der Haushalt
von ihm vorbildlich betreut. Von keiner Seite sind ihm
bis zum heutigen Tage Pflegekräfte zur Unterstützung
gestellt worden. Ich halte daher diesen alten Mann,
der so vorbildlich in seinem hohen Alter für seine
Angehörigen sorgt, würdig zur Verleihung des

Kinderverdienstkreuzes. Dies dürfte für den
Guten Mann eine besondere Auszeichnung sein

Mit vorzüglicher Hochachtung!

BUND DER KRIEGSBLINDEN DEUTSCHLANDS E.V.

DER BUNDESVORSTAND

* BUND DER KRIEGSBLINDEN DEUTSCHLANDS E.V. · 53 BONN · SCHUMANNSTRASSE 35 *

53 BONN, den 20.9.1968
SCHUMANNSTRASSE 35

FERNSPRECHER 22 23 35

POSTSCHECKKONTO: KÖLN 11140

BANKKONTO:
DEUTSCHE BANK, KÖLN, NR. 1042225

UNSER ZEICHEN: Dr.S./Ha.

An den

Herrn Bundespräsidenten
der Bundesrepublik Deutschland

53 B o n n
Bundespräsidialamt
Kaiser-Friedrich-Str. 16-18

Betr.: Vorschlag zur Verleihung des Grossen Verdienstkreuzes
des Verdienstordens der Bundesrepublik Deutschland;
hier: ~~Landesrat Heinrich~~ ▬▬▬▬▬ ~~beim Landschafts~~
verband Westfalen-Lippe,
geb. am 6.10.1905, ▬▬▬▬▬▬▬▬▬

Anl.: 1 Mehrfertigung

Sehr geehrter Herr Bundespräsident!

In meiner Eigenschaft als Vorsitzender des Bundes der Kriegsblinden
Deutschlands schlage ich vor,

Herrn ▬▬▬▬▬▬▬▬▬▬▬▬▬▬▬▬

▬▬▬▬▬▬▬▬▬▬▬▬▬ den Verdienstorden der Bundesrepublik Deutschland

zu verleihen.

B e g r ü n d u n g :

I. Herr ▬▬▬▬▬▬▬ hat sich beim Aufbau der Bundesrepublik
Deutschland in ausserordentlichem Masse verdient gemacht. Sein
Schaffen und Wirken als ▬▬▬▬ aber auch als Persönlichkeit
des öffentlichen Lebens galt vor allem der Verbesserung und
Festigung der sozialstaatlichen Grundlagen der Bundesrepublik
Deutschland. Mit besonderem Weitblick erkannte Herr ▬▬▬▬▬
▬▬▬▬ die wesentlichen sozialpolitischen Aufgaben. Seine grosse
Lebenserfahrung, sein Wissen und Können setzten ihn in die Lage,
die gestellten Aufgaben mit bemerkenswertem Erfolg zu erfüllen.

– 2 –

288

Herr ████████████ bemühte sich stets, das Gebot der
sozialen Gerechtigkeit anzustreben und zu verwirklichen.
Auf diesem Wege gelang es ihm, im Interesse der Kriegs- und
Zivilbeschädigten sowie der Hinterbliebenen alle Schwierigkeiten und Hemmnisse zu überwinden. Es muss festgestellt
werden, dass ████████████████ im Bereich der Kriegs-
opferfürsorge massgebliche Pionierarbeit leistete und sich
immer wieder als zuverlässiger Sachwalter der deutschen
Kriegsopfer bewährte.

II. Die Vielseitigkeit des verantwortungsvollen Wirkens von Herrn
████████████ wird überzeugend durch die knappe Darstellung seiner verschiedenartigen Aufgaben und Funktionen deut-
lich. Herr ████████████ ,ist

1. seit 1.4.1954   Leiter der Hauptfürsorgestelle Westfalen-
Lippe und damit dienstältester Leiter einer
Hauptfürsorgestelle in der Bundesrepublik;
nach 12-jähriger Amtszeit wurde er 1966
wiedergewählt;

2. seit 20.10.1955 - ohne Unterbrechung - Vorsitzender der
Arbeitsgemeinschaft der Deutschen Haupt-
fürsorgestellen;

3. seit 1954   Mitglied des Bundesausschusses der Kriegs-
beschädigten- und Kriegshinterbliebenen-
fürsorge beim Bundesministerium des Innern;

4. seit 1954   Mitglied des Deutschen Ausschusses für die
Eingliederung Behinderter in Arbeit, Beruf
und Gesellschaft - dem Deutschen Ausschuss
obliegt die Koordinierung der Rehabili-
tationsmassnahmen;

5. seit 1954   Mitglied des Beratenden Ausschusses bei der
Hauptstelle der Bundesanstalt für Arbeits-
vermittlung und Arbeitslosenversicherung;

6. seit 1954   Mitglied des Beratenden Ausschusses für
Schwerbeschädigten-Fragen beim Landes-
arbeitsamt Nordrhein-Westfalen;

7. seit 1954   Mitglied des Widerspruchsausschusses für
Schwerbeschädigten-Fragen beim Landes-
arbeitsamt Nordrhein-Westfalen;

8. seit 1954   Mitglied des Sozialausschusses des Städte-
tages Nordrhein-Westfalen;

9. seit 1954   Mitglied des Aufsichtsrates der Wohnungs-
und Siedlungs-GmbH des VdK Nordrhein-
Westfalen;

- 3 -

10. seit 1954   Mitglied des Verwaltungsrates der Westf.
                     Provinzial-Feuersozietät;

11. seit 1954   stellvertr. Mitglied des Verwaltungsrates der
                     Westf. Provinzial-Lebensversicherung;

12. seit 1954   stellvertr. Mitglied des Verwaltungsrates der
                     Landesbank für Westfalen - Girozentrale;

13.   1955   Gründer der Blindenhörbücherei
                     Nordrhein-Westfalen, die auch für andere
                     Bundesländer "Sprechende Bücher" herstellt
                     und verleiht;

14. seit 1955   Vorsitzender der Arbeitsgemeinschaft der
                     Deutschen Blindenhörbüchereien;

15.   Mitglied des Rates der Stadt Münster und hier
                     in mehreren Ausschüssen, u.a. als Vorsitzender
                     des Finanzausschusses tätig.

III. Die grossen und umfassenden Verdienste von Herrn ▬▬▬▬▬
▬▬▬▬▬ wurden bisher u.a. anerkannt durch die Verleihung des
Goldenen Ehrenzeichens des VdK, des Goldenen Ehrenzeichens des
Reichsbundes, des Goldenen Ehrenzeichens des Versehrtensport-
verbandes Nordrhein-Westfalen und der Goldenen Ehrenmedaille
des Bundes der Kriegsblinden Deutschlands.

IV. Gerade für die soziale und gesellschaftliche Rehabilitation
der deutschen Kriegsblinden hat sich Herr Landesrat ▬▬▬▬▬
in besonderer Weise verdient gemacht. Seine Fürsorge galt
ebenso – wie dies im Rahmen seiner Tätigkeit möglich war –
den Zivilblinden in Nordrhein-Westfalen. Beim Bau des Kriegs-
blindenkurheims Berleburg im Jahre 1955 hat Herr ▬▬▬▬▬
▬▬▬▬▬ durch Bereitstellung von Finanzmitteln aber auch durch
seinen persönlichen Einsatz entscheidend mitgeholfen. Ebenso
hat er zur Planung des Kriegsblinden-Rehabilitationszentrums
Berleburg, das in diesem Jahre gebaut wird, einen entscheiden-
den Beitrag geleistet. Gerade die deutschen Kriegsblinden
konnten feststellen, dass sich Herr ▬▬▬▬▬▬▬▬ nicht
auf die Erfüllung seiner ▬▬▬▬ pflichten beschränkte, sondern
fortschrittlich und tatkräftig mit dem Einsatz seiner ganzen
Persönlichkeit weitgesteckte Ziele verwirklichte. Wo sich ihm
eine Aufgabe stellte, setzte er seine ganze Kraft zu ihrer
Erfüllung ein. So hat er Vorbildliches und Beispielhaftes
geleistet.

- 4 -

V. Der Bundesausschuss der Kriegsbeschädigten- und Kriegshinter-
bliebenenfürsorge beim Bundesministerium des Innern kann am
9. Februar 1969 auf sein 50-jähriges Wirken zurückblicken.
Es wird vorgeschlagen, bei der Feier des 50-jährigen Bestehens
des Bundesausschusses Herrn ████████████ auszuzeichnen.
Sein Schaffen ist so eng mit den Zielen und Aufgaben des
Bundesausschusses verbunden, dass seine Auszeichnung im Rahmen
einer Feierstunde des Bundesausschusses gerechtfertigt erscheint.

                    Mit vorzüglicher Hochachtung
                    Ihr sehr ergebener

In Sachen:

Blechologie

Seite 142

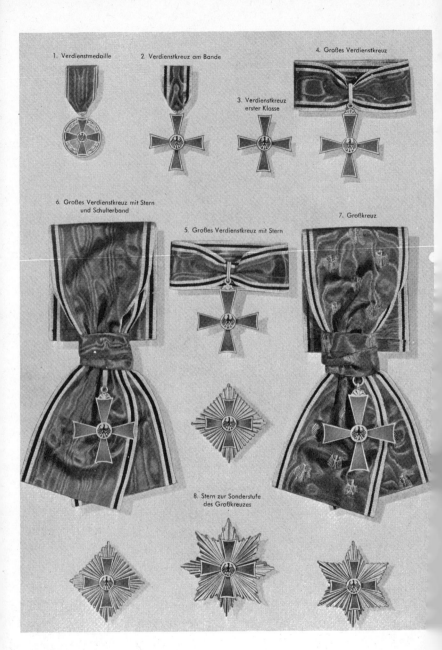

1. Verdienstmedaille

2. Verdienstkreuz am Bande

3. Verdienstkreuz erster Klasse

4. Großes Verdienstkreuz

5. Großes Verdienstkreuz mit Stern

6. Großes Verdienstkreuz mit Stern und Schulterband

7. Großkreuz

8. Stern zur Sonderstufe des Großkreuzes

294

In Sachen:

Adoption

(Angebot)

Seite 173

███████ v. KL███████████
KUNSTHANDEL
ANTIQUITÄTEN — GEMÄLDE
WIEN ██ ███████-STRASSE 38
TEL. ███████

WIEN, DEN 1o. November ██.

Sehr geehrter Herr Consul !

Durch meine Steuerberaterin Frau ███████ – München bekam ich Ihre
Anschrift!
Wie Sie ja schon wissen,beabsichtige ich durch eine Adoption meinen Titel
und Namen zu vergeben.
Der Vollständigkeit halber möchte ich Ihnen nochmals meine Daten angeben
und höflichst anfragen ob Sie überhaupt eine Möglichkeit sehen und Interesse
besteht?
Es handelt sich um Vergebung eines erblichen österr. Adelstitels mit Prä-
dikat und Wappenführung!Ich habe keine männlichen Nachkommen.
Mein voller Name: Hermann ███████ Edler von ███████
                  Alter 68 Jahre
                  Das Wappen am Kopf dieses Briefes!

Der zu adoptierende Mann muss mindestens 18 Jahre jünger sein als ich.
Wie man mir sagte,müsste ich nicht erst die deutsche Staatsbürgerschaft
annehmen?
Es wäre mir nun wichtig von Ihnen zu hören:
1.) Ob Sie ev. einen ernstlichen Interessenten dafür hätten?
2.) Welchen Preis Sie dafür für angemessen halten – exclusive der notariellen
    Spesen und Ihrer Ansprüche für die Durchführung etc.

Ich würde mich freuen,mit Ihnen in direkten Kontakt treten zu können und
bitte Sie höflichst um eine kurze Verständigung!

                              Mit freundlichen Grüssen!

P.S. Ich bin unter dem Pseudonym: ███████ ███████ als Schauspieler tätig – Sie
     kennen mich sicher von der " ███████ – ███████ "und mache von meinem
     Adelsnamen keinen Gebrauch!
     Zur Zeit trete ich in Wien auf – mein ständiger Wohnsitz ist jedoch
     München!Eine ev. Antwort bitte ich nach Wien zu senden,da ich noch
     bis anfangs März hier tätig bin!
     Adelsbrief und andere Papiere stehn jederzeit zur Einsicht zur Verfügung!

München den 7.11.1970

Herrn Rechtsanwalt
████████████

8 MÜNCHEN██
████████████████

Sehr geehrter Herr Rechtsanwalt!

Bezugnehmend auf mein Telefongespräch, daß ich mit Herrn
Weyer hatte, der mich an Sie verwies, übersende ich Ihnen
hiermit die Fotografien eines Adelstitel, der verkäuflich
ist, zur Vorlegung an Herrn Weyer.

Wenn kein Interesse vorhanden sein sollte, bitte ich Sie
freundlichst die Unterlagen an obige Adresse zu retounieren.

                                    Hochachtungsvoll
                        ████████████████████████████

Anlage 6 Fotos

Herrn
Konsul Hans-Hermann Weyer

8133 Feldafing

Klubhotel Seeblick
Starnberger See

Betr.: Oesterreichischer Adelsbrief

Sehr geehrter Herr Konsul Weyer,
aus einem Interview zwischen Ihnen und einer Reporterin der
Zeitschrift "PRALINE" ist mir bekannt, daß Sie einen in Pur-
pursamt gebundenen österreichischen Adelsbrief an einen amerikanischen Oelmillionär zum Preise von DM 100.000.-- veräußert
haben.
Einen gleichen Adelsbrief mit der Unterschrift des Kaisers
Franz Josef und Staatssiegel aus dem Jahre 1881, mithin noch
15 Jahre älter, könnte ich Ihnen im Auftrage meiner in Oester-
reich lebenden Freundin zum Kauf anbieten.
Falls Sie an dem historischen Stück interessiert sein sollten,
wäre ich Ihnen für eine Nachricht dankbar.

                                 Mit freundlichem Gruß

K. Ritter v. ▬▬▬▬
Pharm. Präp.
▬▬▬▬▬▬

▬▬▬▬▬▬ 5.Mai 19 ▬▬

Volksbank ▬▬▬▬▬▬▬▬▬
Postscheck der Volksbank ▬▬▬▬▬▬
zur Gutschrift für Konto ▬▬

MDXXXIV

Sehr geehrter Herr Weyer!

Falls interessiert,ich bin im Besitz von
Adelsbriefen erloschener verwandter Linien!
Mindestalter über 3oo Jahre!

hochachtungsvoll

In Sachen:

Adoption

(Nachfrage)

Seite 173

Winfried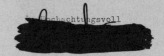

INGELHEIMER STRASSE
POSTFACH
TELEFON

Herrn Konsul
Hans-Hermann Weyer

lo. Oktober 1969

8000 München
Büro Forsthaus
Schloss Nympehenburg

Betr.: Anfrage auf Adelsprädikat

Sehr geehrter Herr Konsul,

hiermit möchte ich bei Ihnen anfragen, ob zufällig bei Ihnen
ein Adelsprädikat offen steht. Ich wäre an einem deutschen
Prädikat interessiert, so z.B. Baron oder ein Freiherr.

Leider kann ich nicht so viel bueten wie die Ihnen bekannten
Industrieellen. Ich bin selbst Arbeitnehmer und in der
Stellung eines Verkaufsleiter.

Für Ihre Mühe danke ich Ihnen im voraus, und hoffe bald von
Ihnen zu hören mit einem entsprechendem Angebot.

Hochachtungsvoll

302

In Sachen:

Adoption

(Adelsbriefe als Zugaben)

Seite 173

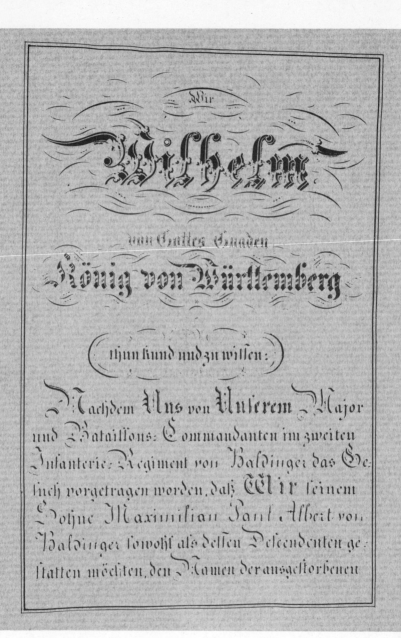

Wir

Wilhelm

von Gottes Gnaden

König von Württemberg

thun kund und zu wissen:

Nachdem Uns von Unserem Major
und Bataillons-Commandanten im zweiten
Infanterie-Regiment von Baldinger das Ge-
such vorgetragen worden, daß Wir seinem
Sohne Maximilian Karl Albert von
Baldinger sowohl als dessen Descendenten gestatten möchten, den Namen der ausgestorbenen

Familie von Seidenberg sich beizulegen, auch die beiden Schutzeichen des von **Unserem** in Gott ruhenden Herrn Vater, des Königs Friedrich Majestät unter dem ersten Januar 1806, dem damaligen Lieutenant und nachmaligen Obristen Franz von Seidenberg verliehenen Wappens dem bisherigen Baldinger'schen Wappen einzuverleiben, so haben **Wir** beschlossen, diesem Gesuche in Gnaden zu willfahren.

In dessen Gemäßheit gestatten **Wir** dem vorgedachten Maximilian Paul Albert von Baldinger-Seidenberg sowie dessen ehelichen Descendenten, bei allen Verhandlungen, es seie vor Gericht oder außergerichtlich des hierneben abgebildeten und hiernach beschriebenen Wappens sich zu bedienen.

Dasselbe besteht aus einem von Roth und Blau schräglinks getheilten Schilde, in welchem ein silbernes Windspiel mit goldenem beringtem

Halsband rechts aufspringt. Auf dem Schilde sind drei rothgefütterte Turnierhelme mit goldenem Halskleinode. Auf dem ersten sitzt zwischen einem rechts blauen, links rothen fünfendigen Hirschgeweih das Windspiel des Schildes rechts gekehrt. Der zweite gekrönte trägt einen schwarzen Adlersflügel mit rechts gewandten Schwingen, belegt mit einem silbernen achtstraligen Sterne. Auf dem dritten gleichfalls gekrönten wächst ein goldener Löwe mit dem Schwert in der rechten Pranke hervor. Die Helmdecken sind rechts: außen roth, innen blau; links: außen silbern, innen schwarz.

Zur Bestätigung dieser gnädigsten Bewilligung haben **Wir** die gegenwärtige Urkunde ausfertigen lassen, solche eigenhändig unterzeichnet, und derselben Unser

Königliches Sigill beifügen lassen.
So geschehen, Stuttgart den fünf und zwanzigsten Mai Eintausend acht hundert fünfzig und sieben, **Unserer** Regierung im ein und vierzigsten Jahre.

[Unterschrift]

Der Minister
der auswärtigen Angelegenheiten.
Freiherr von Hügel

Auf Befehl des Königs,
der Chef des Geheimen Cabinets.
Freiherr von Maucler

EUROPA
FIRST DAY COVER

B. PHILLIPS
138 IVY ROAD
LONDON, N.W.2

In Sachen:

Hoheitsrechte

Seite 199